Disruption

STÉPHANE MALLARD

Disruption

Intelligence artificielle, fin du salariat, humanité augmentée

---

DOCUMENT

Préface de Laurent Alexandre

Disruption est une marque déposée par TBWA

© DUNOD, 2018.

À tous ceux qui désobéissent, et à ceux qui les suivent.

Préface

Le livre que vous avez entre les mains ne tombe pas dans les travers traditionnels des livres consacrés à l'intelligence artificielle : la description d'un futur caricatural où les machines tueront le travail puis extermineront les êtres humains ou au contraire la vision utopique d'une technologie qui réglerait tous les problèmes de l'humanité. L'IA représente un défi considérable pour nous et contrairement à une idée reçue, elle ne se substitue pas seulement aux emplois peu qualifiés mais aussi à des tâches très qualifiées. On espérait que la technicité et la dimension relationnelle protégeaient l'humain de la concurrence des machines intelligentes : ce n'est pas le cas. Quant à l'économie du numérique, elle se traduit par une prime au vainqueur : le succès va au succès et contrairement aux Jeux olympiques, il n'y a que des médailles d'or. « *Winner takes all.* » Un oligopole se met ainsi rapidement en place, et laisse bien peu de place aux acteurs secondaires.

C'est dans ce contexte que ce livre décrit en profondeur les dangers qui menacent les entreprises à l'heure de l'IA et vous incite à vous méfier des consultants, des effets de mode, des solutions simples et des dénis de réalité. Stéphane Mallard rappelle malicieusement que le président d'Intel a déclaré en 1992 dans le *New York Times* que « l'idée d'un appareil de communication sans fil dans chaque poche était une illusion menée par l'avidité ». On comprend mieux pourquoi Intel a perdu la bataille des microprocesseurs pour téléphones portables !

La révolution de l'entreprise est dépeinte sans fard : Stéphane Mallard démontre pourquoi dans le monde qui vient, être salarié sera synonyme d'incompétence. Les meilleurs refuseront les contraintes de la grande entreprise et la technologie leur permettra d'être des entrepreneurs indépendants. Le message est particulièrement fort en direction des spécialistes du marketing : l'IA va tuer le marketing car le consommateur sera équipé d'IA capables de détecter leurs astuces. En vingt ans, Google a transformé la connaissance en commodité désormais accessible gratuitement à tout le monde ; demain l'expertise elle-même sera disruptée. Le rôle de l'expert, incapable de rester compétitif face aux algorithmes d'IA, changera radicalement. Stéphane Mallard prévoit un monde où le médecin, par exemple, sera moins bon que l'IA pour faire des diagnostics et proposer un traitement, mais se concentrera sur la relation humaine et l'empathie.

À tous, je conseille la lecture de ce livre. Avec une mention particulière pour les managers, qui découvriront comment et pourquoi Stéphane Mallard prévoit – avec des arguments très puissants – leur disparition.

Dr Laurent ALEXANDRE
Chirurgien et entrepreneur

Introduction

*S'attendre à l'inattendu est la marque
d'un esprit moderne.*

Oscar WILDE

Quel est le point commun entre le diagnostic médical, les banques, les cabinets de conseil, les avocats, le marketing, les grandes écoles, le salariat et l'expertise au sens large ? Réponse : ils sont tous, et avec bien d'autres, en train ou sur le point de se faire « disrupter ». Du latin *disrumpere*, *dis* « la séparation, la différence » et *rumpere*, « rompre ». Le mot évoque un mélange de rupture, de chamboulement, de révolution à la fois rapide et brutale mais surtout inéluctable. Dans le monde anglo-saxon, on parle de disruption pour qualifier l'époque que nous sommes en train de vivre, dans laquelle des secteurs entiers, établis solidement depuis des années, protégés par les habitudes, la réglementation ou de grosses parts de marché disparaissent très rapidement, remplacés par d'autres acteurs plus petits, plus agiles, plus efficaces, moins chers, moins arrogants, plus respectueux de leurs clients.

11

Ces nouveaux acteurs de la disruption font la Une de la presse : ce sont les Uber, les Airbnb, les Netflix, les Alibaba. Au départ, ce sont des startups qui ont identifié quelque chose qui ne va pas, un problème, une frustration, une expérience décevante, et qui se construisent en réponse à ces déceptions et ces inefficacités. Ils n'hésitent pas à affronter les acteurs traditionnels sur leur propre terrain. Ils s'immiscent dans leur chaîne de valeur pour la leur confisquer et créent de nouveaux océans de valeur là où personne n'avait imaginé en trouver. Puis ces disrupteurs finissent par rendre obsolètes les anciens acteurs, en les ringardisant jusqu'à les faire disparaître : RIP Kodak, la photo ne s'imprime plus, elle se stocke sur le *cloud* et se partage sur les réseaux sociaux, RIP l'Encyclopédie, le savoir est désormais collaboratif et accessible à tous sur Wikipedia, RIP BlackBerry, Nokia…

Depuis l'arrivée d'Uber, on a beaucoup parlé d'*ubérisation* de la société pour caractériser les méthodes et les ambitions sans limite de ces nouveaux acteurs qui bousculent tout sur leur passage. En réalité, l'ubérisation n'était qu'un cas particulier de disruption et la disruption n'est pas réservée aux startups technologiques : elle est universelle et nous n'avons encore rien vu de son pouvoir de transformation de nos vies et de nos sociétés. Tout est disruptable et tout doit être disrupté : les entreprises, leur business model, leurs produits et services, l'expérience qu'elles offrent à leurs clients, mais aussi nos modèles d'organisation, nos institutions publiques, nos responsables politiques, nos manières de penser, d'apprendre, de communiquer, de travailler, nos représentations du monde, nos valeurs et jusqu'à notre propre corps.

Personne n'est épargné par la disruption. Les directions des entreprises tremblent en se demandant par quelle faille les disrupteurs vont les attaquer et cherchent à s'y préparer, ou au contraire font semblant de continuer à travailler comme si de rien n'était en sachant que leur secteur est condamné. La disruption fait peur ; chacun d'entre nous se demande quelle sera sa place dans les prochaines années alors que tous les fondements de nos sociétés sont remis en cause pour laisser émerger un nouveau monde à une vitesse inouïe et foudroyante. Comment expliquer à un radiologue qui a fait dix ans d'études que l'intelligence artificielle commence à faire son job mieux que lui, plus vite et moins cher ? Comment expliquer à un notaire que son rôle n'a plus de raison d'être parce que des technologies comme la blockchain jouent le rôle de tiers de confiance avec une plus grande fiabilité ? Comment faire comprendre à un professeur que le cours qu'il donne est aussi dispensé gratuitement sur Youtube par quelqu'un qui n'est peut-être même pas professeur, qui se filme dans son salon mais qui capte l'attention de tous les étudiants et les curieux parce qu'il est plus pédagogue et passionné ? Comment expliquer au premier de la classe qui a tout fait pour avoir un parcours exemplaire à base de diplômes prestigieux et de postes à responsabilités dans des entreprises traditionnelles, que la disruption rejette l'exemplarité qui suit les règles sans prendre de risque, au profit de la transgression intelligente ?

Depuis plusieurs années, la révolution digitale concentre l'attention de toutes les entreprises et de tous les gouvernements. Ce n'était que l'amorce de la disruption dans laquelle nous entrons. Au départ technologique, cette disruption est en fait beaucoup plus profonde. Elle est sociale parce qu'elle bouleverse nos interactions à la fois entre individus et entre individus et organisations : toute interaction doit être directe, fluide, rapide, plaisante et surtout pertinente. La disruption ne tolère pas l'absence de valeur, qu'il s'agisse d'un échange à un guichet ou de nos notifications smartphone. Elle est sociétale parce qu'elle transforme nos comportements, nos manières de vivre et de consommer. La propriété s'efface en faveur de l'expérience, la confiance se scelle *via* les applications et fait naître de nouveaux usages entre individus. Elle est économique parce qu'elle accélère la baisse des prix de tous les biens et services : tout devient commodité, y compris la connaissance et demain l'expertise. Elle est culturelle parce qu'elle accélère la diffusion de l'information, le brassage des idées et le partage des données, ce qui féconde et engendre de nouvelles idées, de nouveaux produits, de nouvelles innovations, de nouveaux concepts et de nouvelles découvertes beaucoup plus vite qu'auparavant ; les plus pertinentes s'imposent alors en détruisant les autres au passage. Elle est aussi anthropologique, parce qu'elle nous pousse à comprendre qui nous sommes, ce que nous voulons, à réaffirmer nos valeurs humaines, à les protéger, à redéfinir la notion de vie et à encadrer son évolution : la convergence des nouvelles technologies, de la connaissance de plus en plus fine des mécanismes biologiques et des ambitions de géants de la Silicon Valley comme Google nous permettra peut-être d'atteindre d'ici quelques années l'immortalité, biologique ou synthétique. Et enfin, la disruption est profondément transgressive : elle nous pousse à nous méfier des hiérarchies, à vouloir les aplatir, voire les supprimer, à remettre en question les légitimités, les titres et les compétences, à nous défier des experts et à expérimenter les projets les plus fous parce que tout ce qui était auparavant considéré comme impossible représente désormais une opportunité de disruption. La disruption n'a pas de limite. Elle rejette la tradition et récompense ce que la majorité considère comme de la folie. Qui aurait cru qu'Ariane et la NASA seraient concurrencées en quelques années seulement par le génial entrepreneur Elon Musk sur le lancement de satellites, la conquête de Mars et le tourisme spatial, en partant de zéro ? Comme à chaque fois, les experts et les spécialistes ont méprisé la démarche du visionnaire en clamant que c'était impossible. Elon Musk leur a déjà donné tort en réussissant à créer pour la première fois un lanceur de fusée entièrement réutilisable. La disruption est paradoxale. À chaque annonce d'une ambition de disruption dans un domaine, on interroge des spécialistes qui se précipitent à la minimiser, voire à brandir son impossibilité, alors que les experts ont toujours eu tort sur la disruption parce qu'ils l'analysent avec des modèles qu'elle a déjà rendus obsolètes.

Nous n'avons pas le choix, la disruption est déjà en marche à l'échelle mondiale. Elle engendre une dynamique puissante que rien ne pourra arrêter à long terme, pas même la volonté des États. C'est un changement de paradigme qui aura plus d'impact sur l'humanité que les inventions de l'écriture, l'imprimerie, l'électricité et Internet réunies. Les mentalités sont prêtes mais elles sont ambivalentes. Elles exigent la disruption tout en refusant le changement, alors qu'il est devenu la norme. Les structures, les références et les codes de l'ancien monde s'effondrent à une vitesse exponentielle sous nos yeux. Et malgré cela, nous avons tous un déni schizophrène, un réflexe de survie qui nous pousse à croire qu'à titre individuel ou collectif nous ne sommes pas concernés ou du moins pas tout de suite : la disruption, c'est les autres. Soyons humbles. Nous sommes tous à risque. Les banques se feront violemment disrupter parce qu'elles vivent sur une rente qu'elles ne pourront plus protéger pour longtemps. Le salariat se fera disrupter par les freelances parce que leur modèle économique est parfaitement adapté à notre époque et leurs performances directement mesurables et quantifiables. Moi-même qui écris ces lignes, je me ferai disrupter par un algorithme qui sera meilleur rédacteur que moi, et c'est une excellente nouvelle.

Toutes les conditions sont réunies pour que la disruption se propage de secteurs en secteurs. D'abord parce que l'environnement est suffisamment mature technologiquement et que le coût d'exécution de la disruption est devenu dérisoire : créer une startup ne coûte presque rien et les technologies sont disponibles gratuitement. Ensuite parce que les dysfonctionnements, les frustrations, les freins, les situations de rente et de manière générale les problèmes que nous rencontrons dans nos vies sont devenus difficilement tolérables lorsqu'on les compare à l'expérience exceptionnelle que nous proposent des acteurs de la disruption comme Amazon ou Netflix. Et enfin, parce que toutes les transformations que nous vivons sont désormais d'immenses opportunités de disruption : à chaque problème sa startup, sa technologie, son algorithme, son app.

Pour faire face à cette accélération de la mondialisation qui fait disparaître violemment l'ancien monde, il est urgent de comprendre les dynamiques qui œuvrent à la disruption. D'expliquer le fonctionnement de ces nouvelles technologies comme l'intelligence artificielle qui viennent challenger l'humain sur ce qui fait sa spécificité : son intelligence. De comprendre, suivre et laisser se mettre en place les nouveaux modèles d'organisation, la culture et les exigences de ce nouveau paradigme. Et enfin de connaître l'état d'esprit, les aspirations et les techniques de ces nouveaux acteurs professionnels de la disruption qui n'ont aucune limite pour atteindre leurs objectifs et puisent leurs idées dans la science-fiction et les drogues psychédéliques.

Face à la disruption, il n'y a désormais plus qu'une seule option : se disrupter soi-même pour éviter de se faire disrupter. C'est l'ambition de ce livre : vous donner les clés pour appréhender ce monde en train de naître, ne pas le craindre et éviter que d'autres ne le bâtissent à notre place.

1

De l'ubiquité à l'omniscience de la technologie

La technologie est devenue une commodité

Depuis quelques années, pas un seul jour sans qu'on nous le répète : nous vivons une période de changements sans précédent. Transformation numérique, révolution digitale, quatrième révolution industrielle... On ne manque pas de formules pour décrire le monde en train de naître sous nos yeux. Les gouvernements, pour faire croire qu'ils ont pris la mesure de ces changements à venir, lancent des agences ou nomment des ministres et des secrétaires d'État du numérique, comme si le numérique était un domaine à part comme l'agriculture alors que c'est un changement de paradigme global qui détermine et infuse tous les autres secteurs. Quant aux entreprises, elles ont toutes engagé leur *transformation digitale* sans trop savoir ce que cela recouvre, elles organisent des *digital days*, font dire à leurs porte-parole que cette année elles se *renforcent dans le digital*, recrutent des *profils digitaux* et nomment des

Chief Digital Officers en cravate pour conduire la transformation. Le digital est sur toutes les lèvres, et pourtant personne ne parle de la même chose. Certaines entreprises pensent que *faire sa transformation digitale* consiste à délivrer son produit ou service *via* une application smartphone. Un peu comme au moment de la vague du e-commerce dans les années 2000, où il fallait absolument avoir son site Internet et pouvoir livrer son client *via* Internet. D'autres entreprises pensent que la révolution digitale est un ensemble de mots-clés qui buzzent et qu'elles doivent citer le plus souvent possible en interne et auprès des clients pour miraculeusement effectuer leur transition digitale. Elles parlent de mobilité, de nouveaux usages, de réseaux sociaux, d'objets connectés, d'intelligence artificielle, de blockchain et elles répètent le plus souvent possible le mot « innovation » en priant pour que son incantation l'engendre. Ce qui est sûr, c'est que cette révolution n'est pas comprise et qu'elle fait peur. Elle fait tellement peur que la tendance, ces dernières années, est de l'adoucir en la présentant comme une révolution avant tout humaine, anthropologique. On insiste sur les usages plus que sur la technologie en nous disant que le digital change nos interactions et replace l'humain au centre. « The digital revolution is not about technology – it's about people »[1], nous dit le Boston Consulting Group pour nous rassurer et insister sur la place fondamentale de l'humain

---

1. Jorge Becerra, « The digital revolution is not about technology – it's about people », World Economic Forum, 28 mars 2017.

face à ces changements. Cela n'est pas faux. Mais à force d'insister sur les changements sociétaux pour rester politiquement corrects, on risque d'oublier que cette révolution est au départ profondément technologique. Et c'est précisément ce qui bouleverse profondément les rapports de force. La technologie, c'est compliqué, c'est pour les techniciens, les ingénieurs, les geeks, c'est froid et impersonnel. La technologie, ce n'est pas noble, les élites dirigeantes l'ont toujours considérée comme un simple instrument.

Cette distance apparente est en train de disparaître. La technologie devient omniprésente, elle est progressivement en train de s'infiltrer partout autour de nous. Elle entre dans nos foyers comme sont entrées l'électricité et l'eau courante au XXe siècle : presque tous les foyers du Nord sont équipés en ordinateurs, tablettes et smartphones et ceux du Sud s'équipent à une vitesse croissante. Les infrastructures technologiques de certains pays se développent même de manière fulgurante : le métro de Pékin est par exemple déjà équipé en réseau 4G, alors qu'à Paris, impossible d'avoir un signal satisfaisant sur la plupart des lignes. La technologie entre aussi dans notre intimité avec nos smartphones, véritables extensions de nous-mêmes, qui nous accompagnent partout jusque dans nos lits et à qui on consacre une part de plus en plus importante de notre attention : ils sont les derniers à bénéficier de notre attention avant de nous endormir et les premiers à en bénéficier au réveil. Nous laissons entrer des dispositifs de plus en plus intimes, comme l'assistant personnel d'Amazon que l'on contrôle par la voix, qui écoute tout ce qui se passe dans notre salon ou des caméras de vidéosurveillance qui observent tout chez nous. La technologie entre dans nos habitudes et change nos réflexes : on confie à Google nos moindres interrogations et angoisses, au premier symptôme, on l'utilise pour s'autodiagnostiquer – au grand désespoir des médecins. Google sait tout sur tout le monde, personne ne ment à Google. La technologie entre même dans les objets qui comportent de plus en plus de composants que l'on retrouvait auparavant uniquement dans les ordinateurs : écrans tactiles sur l'électroménager, microprocesseurs dans la voiture Tesla, ours en peluche connectés pour les enfants…

La technologie est partout et sa puissance explose. Tous les dix-huit mois, la puissance de calcul des machines mesurée par le nombre de transistors que contient chaque microprocesseur double : c'est la fameuse loi de Gordon Moore, l'un des fondateurs d'Intel. C'est une loi empirique, qui n'a jamais été démontrée, mais qui se vérifie depuis plus de cinquante ans. On est passé de 2 300 transistors par microprocesseur[1] en 1971 à plus de 30 milliards sur l'un des derniers processeurs d'IBM[2] en 2017, soit plus de 13 millions de fois plus de transistors. Cette augmentation exponentielle de la puissance de calcul des machines est en fait l'argument principal des techno-optimistes, pour qui la technologie pourra nous aider à résoudre des problèmes de plus en plus complexes comme comprendre la

---

1. Pour le processeur Intel 4004.
2. https://www-03.ibm.com/press/us/en/pressrelease/52531.wss

naissance de l'Univers ou le fonctionnement du cerveau humain grâce à des supercalculateurs capables d'effectuer des simulations de plus en plus précises. Cette augmentation de la puissance de calcul des machines n'est pas près de s'arrêter. Dernièrement, l'industrie du semi-conducteur s'est inquiétée d'un ralentissement parce qu'on s'approchait de limites physiques : impossible de descendre sous des finesses de gravure de 5 nanomètres dans la fabrication des microprocesseurs parce que dans ce cas, les transistors n'obéissent plus aux lois de la physique classique mais à celles de la mécanique quantique. En réalité, l'industrie avait anticipé cette contrainte et prépare déjà d'autres moyens pour perpétuer la tendance : en utilisant de nouveaux matériaux ou avec de nouvelles stratégies comme l'empilage des transistors les uns sur les autres. Mais la rupture qui permettra certainement de poursuivre la loi de Moore et, au passage, de lui faire faire un saut de puissance, reste l'informatique quantique. Même si nous n'en sommes qu'aux balbutiements de cette révolution, que les ordinateurs quantiques ne sont pas stables et font encore des erreurs de calcul, ils promettent lorsque ces problèmes seront réglés de multiplier la puissance de calcul des machines actuelles par plus de 100 millions. C'est l'enjeu auquel se préparent des géants comme Google, IBM et la NASA qui ont investi massivement ces dernières années dans les technologies quantiques.

Mais ce qui caractérise cette explosion technologique, en plus de son abondance et de sa puissance exponentielle, c'est son prix qui chute lui aussi à une vitesse exponentielle. Qu'il s'agisse des micro-processeurs, du stockage ou du

transfert de données, des communications audio
[...] locales ou internationales, du séquençage
[...] les coûts de toutes les technologies
[...] vers zéro, et cela change tout. La techno-
[...] une donnée, ce n'est plus une contrainte
ni une barrière à l'entrée. Là où encore récemment, pour lancer une startup, il fallait considérablement investir dans des serveurs, des machines,
des applications, des licences... aujourd'hui tout
est disponible en ligne gratuitement ou presque :
stockage, algorithmes, services de géolocalisa-
tion comme Google Maps, suite bureautique, etc.
La technologie est devenue une commodité, pour
tous. Difficile à imaginer lorsqu'on voit que le
dernier smartphone sort chaque année au même
prix, voire plus cher. Mais pourtant, sa puissance
a considérablement augmenté. À puissance équi-
valente, le prix a chuté. À prix équivalent, la puissance a augmenté. Et c'est cette tendance à la
baisse rapide des prix de la technologie qui lui
permet de se diffuser massivement absolument
partout : dans tous les aspects de nos vies, dans
nos objets, dans nos habitudes, dans tous les pays
et pour tous.

On a tendance à se dire que cette commodité
technologique n'est réservée qu'aux pays développés
et que pendant que l'on se plaint de ne pas avoir de
connexion Internet dans le métro à Paris, les pays
en développement n'ont toujours pas accès à l'eau,
à une alimentation de base, à l'énergie, à l'éducation, à la santé et à la sécurité. En réalité, les pays
en développement connaissent de très forts taux de
pénétration de la technologie. D'abord parce qu'ils
bénéficient aussi de l'effet commodité de la technologie dont les coûts baissent rapidement. C'est

grâce à la baisse du prix des téléphones portables et des réseaux télécoms que des pays comme le Kenya ont pu développer avec un grand succès des infrastructures de transfert d'argent et de micro-crédit accessibles sur mobiles, alors que les services bancaires du pays étaient largement déficients. Le Kenya est aujourd'hui un cas d'école qui prouve que dès lors que les institutions ne fournissent pas la stabilité nécessaire au développement du pays, les acteurs s'auto-organisent en utilisant la technologie. Ensuite, parce que l'afflux technologique est une stratégie d'accélération du développement de ces pays. L'association One Laptop Per Child conçoit par exemple des ordinateurs portables au prix d'une centaine de dollars pour équiper les enfants des pays en développement et leur donner accès à la connaissance. Et enfin, parce que ces pays constituent un marché considérable pour des acteurs comme Google et Facebook qui ont besoin d'utilisateurs actifs. C'est pour cette raison que Google a lancé le projet Loom pour connecter les zones les plus reculées de la planète *via* des mont-golfières ou que Facebook a conçu des drones et a lancé Internet.org pour connecter toute la planète à Internet : plus leurs services comptent d'utilisateurs actifs, plus leurs revenus augmentent *via* la publicité.

Là où les institutions échouent à offrir la stabilité et la confiance nécessaires au développement d'un pays, la technologie s'immisce partout où il y a des carences et permet aux individus de s'auto-organiser pour résoudre ensemble des problèmes qui auparavant relevaient de la puissance publique. La technologie ne remplace évidemment pas le rôle encore fondamental des États et des gouvernements, mais elle comble leurs manquements et est un catalyseur de développement.

La technologie se rapproche de nous

L'abondance technologique se diffuse partout et s'accentue, mais c'est surtout vers nous et notre propre corps que la technologie converge, comme les outils que l'humain fabrique depuis la nuit des temps. Les outils sont des extensions de nous-mêmes, qui nous augmentent physiquement, nous donnent de nouvelles capacités. Comme le dit le philosophe Michel Serres, nous externalisons les fonctions de notre corps *via* les outils que nous fabriquons. C'est ce qu'il appelle l'exo-darwinisme : ce qui auparavant relevait de l'évolution *via* la sélection naturelle est désormais accéléré à travers la fabrication d'outils. Un marteau augmente la force de notre poing, un tournevis nous offre une fonction que nos doigts sont incapables de remplir, tout comme l'invention de l'écriture nous permet d'externaliser la fonction mémoire de notre cerveau. Les outils sont proches de nous, ils sont adaptés à nous. Cette proximité que nous avons avec les outils que nous créons, nous ne l'avions pas avec la technologie – jusqu'à récemment. À ses débuts, la technologie était éloignée de nous, et c'était à nous de nous adapter à elle. Les premiers ordinateurs disponibles à usage industriel, les Mainframe, étaient immenses, il fallait souvent une pièce entière, voire plusieurs, pour les entreposer. La plupart des industries les plus anciennes et les plus importantes comme les banques et les télécoms reposent aujourd'hui encore sur ces systèmes Mainframe lents, complexes, incompréhensibles pour le commun des mortels et très peu résilients : c'est par exemple pour cette raison que lorsque vous faites un paiement par carte bancaire, il met trois jours à apparaître sur votre relevé. Puis l'informatique a été révolutionnée par l'arrivée des premiers ordinateurs personnels. La technologie entrait directement chez nous, se miniaturisant au passage. Ensuite, les premiers ordinateurs portables sont apparus, assez encombrants au départ mais déjà plus petits que les ordinateurs personnels et surtout, nous offrant la possibilité de les déplacer avec nous. Puis ce fut l'avènement des smartphones, véritables ordinateurs, toujours plus petits, adaptés à notre main comme à notre poche. Cette fois-ci : mobilité totale. Ils sont avec nous en permanence, deviennent une partie de nous-mêmes dont nous ne pouvons nous séparer.

La technologie se miniaturise, se rapproche toujours plus de nous et cela ne va pas s'arrêter là. Elle sera certainement très vite sur nous en permanence. On le voit avec les premières tentatives (pour l'instant mitigées) des géants technologiques qui cherchent à nous faire porter montres connectées et autres capteurs (*wearables*) pour enregistrer, mesurer et améliorer tous les aspects mesurables de nos vies : nos dépenses énergétiques, notre sommeil, notre rythme cardiaque, etc. À l'avenir, ce sont nos vêtements qui contiendront ces capteurs de plus en plus perfectionnés et puis très vite, ces capteurs arriveront directement sur notre peau. Des chercheurs de l'université de Tokyo ont déjà réussi à créer un tatouage électronique qui peut conduire le courant électrique, capter la température, la pression et reconnaître le toucher. Nous porterons la technologie à même notre corps.[1]

Dès aujourd'hui, nous entrons dans une nouvelle phase de proximité avec la technologie avec la réalité virtuelle et la réalité augmentée. Les casques de réalité virtuelle comme les Oculus Rift projettent l'équivalent d'un écran sur l'intégralité de notre champ de vision ; ils nous plongent dans des mondes virtuels en nous permettant d'y être totalement immergés, coupés du reste du monde. L'effet est impressionnant : on transpire, notre rythme cardiaque s'accélère lorsqu'on essaie une simulation de montagnes russes avec le casque sur la tête, tellement la simulation est réussie. Dans le domaine thérapeutique, comme notre cerveau ne fait pas de différence entre une expérience réelle vécue et une expérience en réalité virtuelle, on peut ainsi traiter des phobies et divers troubles en exposant progressivement les patients équipés de casques de réalité virtuelle à l'objet de leur phobie (araignées, vertiges, claustrophobie, stress post-traumatique, etc.). Le cerveau s'habitue progressivement et se désensibilise de la peur. Les résultats sont très prometteurs.[2]

Nous pouvons également enrichir notre expérience du réel avec les technologies de réalité augmentée, qui cette fois viennent ajouter des informations, des images, des vidéos directement dans notre champ de vision. Les Google Glass et

1. Akihito Miyamoto *et al.*, « Inflammation-free, gas-permeable, lightweight, stretchable on-skin electronics with nanomeshes », *Nature Nanotechnology*, juillet 2017.
2. James Witts, « Can virtual reality cure phobias ? », *The Guardian*, 20 mars 2016.

leurs successeurs par exemple nous donnent des informations en temps réel sur le lieu où nous nous trouvons ou nous guident avec des indications visuelles pour nous déplacer. La réalité augmentée transforme et améliore le réel et les applications à venir vont bouleverser tous les secteurs : un chirurgien pourra obtenir des indications en temps réel sur son opération directement dans son champ de vision, disposer des différents examens d'imagerie et des précautions à prendre aux moments les plus sensibles de l'opération ; un acheteur immobilier pourra essayer les meubles et la décoration dans l'appartement qu'il visite alors qu'il est vide, etc. La prochaine étape sera d'intégrer ce champ de vision augmenté directement dans des lentilles de contact. Eran May-Raz et Daniel Lazo, deux étudiants en arts, ont réalisé un court-métrage qui imagine le potentiel de la réalité augmentée directement sur l'œil.[1] On y voit un jeune homme en rendez-vous galant avec une jeune femme, aidé par ses lentilles de contact qui analysent en temps réel les expressions faciales, les émotions et la voix de la jeune femme. En pleine discussion avec elle, il reçoit des indications sur son niveau d'attirance, son niveau d'alcoolémie, puis une notification qui lui signale que c'est le bon moment pour régler l'addition et lui proposer de le suivre chez lui. L'usage semble futile, mais il illustre que tout ce que nous vivons au quotidien sera augmenté, amélioré : du business à la santé, jusqu'à nos relations personnelles les plus intimes. Très vite,

---

1. A Sci-Fi Short Film : « Sight » by Sight Systems, www. youtube.com/watch?v=lK_cdkpazjI

nous ne pourrons plus nous passer de ces dispositifs qui améliorent le réel. La simple réalité nous semblera banale et sans intérêt si elle n'est pas rehaussée par la technologie, comme aujourd'hui notre expérience du monde nous frustre si nous nous retrouvons sans notre smartphone. À terme, les dispositifs de réalité virtuelle seront tellement sophistiqués et si peu intrusifs qu'il sera de plus en plus difficile de distinguer la réalité du virtuel. Jusqu'à courir le risque de préférer se retirer du monde et vivre dans des mondes virtuels comme des consommateurs de drogues ou des jeunes accros aux jeux vidéo.

La technologie nous décrypte et nous contrôle

Plus la technologie se rapproche de nous, plus elle nous lit et nous décrypte. Lorsque nous utilisons des sites et des applications, des algorithmes évaluent les traces que nous laissons et les données que nous générons et parviennent à nous connaître. Il est déjà assez facile dans le monde réel, en observant nos comportements, d'en déduire plusieurs aspects de notre personnalité. Le célèbre test du marshmallow de l'Université Stanford par exemple, a évalué la capacité d'un enfant à contrôler ses impulsions et ses envies en lui proposant un marshmallow immédiatement ou deux s'il était capable d'attendre quelques minutes. Les chercheurs ont ensuite montré que cette capacité de contrôle de soi était corrélée à plusieurs facteurs de succès à l'adolescence de ces enfants, qu'ils ont défini comme la capacité à se remettre d'un échec, à être motivé à atteindre ses objectifs, à se concentrer, à gérer sa frustration et même à une évaluation subjective de leur intelligence par leurs parents.[1] Des équivalents de ce test du marshmallow existeront de manière algorithmique et s'exerceront sur nous en permanence de manière invisible *via* nos comportements en ligne pour nous évaluer sur tous types de critères. Il est déjà possible de déduire certains aspects de notre personnalité, notre état d'esprit et notre humeur avec des algorithmes qui analysent nos comportements sur les réseaux sociaux (fréquence d'utilisation, clics, contenus likés ou partagés, etc.). En 2017, un rapport interne de Facebook a révélé que les algorithmes de la plateforme étaient désormais capables d'identifier les adolescents stressés, anxieux ou manquant de confiance en eux pour alimenter des campagnes de publicité ciblées.[2] Et ça peut aller encore plus loin : pour les besoins d'une étude, Facebook a changé volontairement les contenus visibles par ses utilisateurs pour voir si leur humeur était modifiable selon le type de contenus diffusés (positifs ou négatifs).[3] Résultat : l'étude a confirmé que Facebook avait la capacité de

1. Yuichi Shoda *et al.*, « Predicting Adolescent Cognitive and Self-Regulatory Competencies From Preschool Delay of Gratification : Identifying Diagnostic Conditions », *American Psychological Association*, 1990, Vol. 26, No. 6, 978-986.

2. Sam Levin, « Facebook told advertisers it can identify teens feeling "insecure" and "worthless" », *The Guardian*, 1er mai 2017.

3. Adam D. I. Kramer *et al.*, « Experimental evidence of massive-scale emotional contagion through social networks », PNAS, 111 (24) 8788-8790, juin 2014.

changer l'humeur de ses utilisateurs selon les contenus affichés. Non seulement les algorithmes ont la possibilité de nous connaître jusque dans nos traits les plus intimes, mais ils ont aussi la possibilité d'influencer nos humeurs et donc nos choix et nos décisions. L'influence de ces algorithmes sur nos vies donne le vertige et soulève de nombreuses questions éthiques et juridiques auxquelles nos sociétés ne sont pas prêtes à répondre. Nous allons devoir faire preuve d'humilité face au pouvoir de prédiction de ces algorithmes qui nous prouveront de plus en plus que nous sommes beaucoup plus prévisibles que nous le pensons.

La technologie entre en nous

Toujours plus miniaturisée, toujours plus proche de nous, la technologie ne s'arrêtera pas aux portes de notre corps : elle commence déjà à entrer en nous. De manière passive pour faire des relevés, pour capter nos paramètres physiologiques et cliniques comme les capsules gastriques qui permettent de réaliser des endoscopies sans douleur. Mais aussi de manière active, comme les *pacemakers* qui corrigent des problèmes cardiaques. Lorsqu'on évoque la possibilité de faire entrer des technologies de plus en plus poussées à l'intérieur du corps, la réaction est souvent la même : « Hors de question, ça n'est pas naturel, c'est dangereux ! » Et pourtant, dès qu'il s'agit de notre santé, on se résigne facilement à laisser entrer ces nouvelles technologies dans notre corps.

Au-delà de soigner et réparer le corps, une autre tendance se dessine : l'augmentation de l'humain. On croit parfois relire un roman d'Asimov et pourtant ça n'est pas de la science-fiction. En 2017, la société suédoise Epicenter a commencé à implanter des puces RFID sous la peau de ses employés, entre le pouce et l'index. Ces puces permettent d'ouvrir des portes, d'utiliser les imprimantes et de payer sans contact à la cafétéria simplement en effleurant un capteur avec sa main. L'anecdote peut faire sourire. Epicenter est une startup qui offre des espaces de travail à d'autres startups dans le domaine de la technologie. On pourrait penser que leur démarche vise à diffuser et renforcer leur image cool et connectée, voire à provoquer. Pas du tout. Ils font partie de ces gens qui croient que le rapprochement de l'homme et de la machine est inéluctable et qu'il faut dès maintenant accélérer ce rapprochement en forçant les premières applications même les plus simples, simplement parce que c'est plus pratique et que cela engendrera plus facilement l'acceptation de cette tendance et sa démocratisation. Et ils sont de plus en plus nombreux partout dans le monde à avoir cet état d'esprit. On les appelle les *bio hackers* ou les *body hackers*. Ce sont des hackers d'un nouveau genre, généralement des amateurs qui cherchent à faire converger la technologie et la biologie pour augmenter leurs capacités physiques et intellectuelles. Et pour ça, ils n'hésitent pas à être leurs propres cobayes. Ils organisent même des « *implant parties* » pour démocratiser les puces sous la peau. Ils n'attendent pas les résultats des avancées de la recherche des laboratoires professionnels pour avancer : ils expérimentent par eux-mêmes au sein de communautés qui se retrouvent sur les réseaux sociaux et dans les fab labs. Certains vont même plus loin comme Neil Harbisson, artiste et musicien, qui se définit lui-même comme un cyborg. Neil est atteint d'achromatopsie depuis la naissance, une maladie qui l'empêche de voir les couleurs. Grâce à une puce implantée directement dans le crâne et à un dispositif équipé d'une caméra, l'eyeborg, il peut désormais entendre les couleurs : la caméra transforme les couleurs en impulsions électriques lui permettant de ressentir les couleurs sous forme de sons. Le dispositif lui permet même d'entendre des longueurs d'onde invisibles pour l'humain, comme les infrarouges et les ultraviolets. Ces technologies continueront à se miniaturiser jusqu'à l'échelle nanométrique. « Les [smartphones] finiront par faire la taille de nos cellules sanguines et nous permettront d'intégrer de l'intelligence à l'intérieur de nos corps et de nos cerveaux pour nous maintenir en bonne santé », nous dit Ray Kurzweil, l'un des responsables mondiaux de l'ingénierie chez Google.[1] Ray Kurzweil est également connu comme l'un des représentants mondiaux du transhumanisme, ce courant dominant dans la Silicon Valley qui cherche à transcender la biologie pour faire converger l'homme et la machine.

Elon Musk, le fondateur de Tesla et de Space X, va encore plus loin. Pour lui, nous n'aurons pas

1. John Berman, « Futurist Ray Kurzweil Says He Can Bring His Dead Father Back to Life Through a Computer Avatar », *ABC News*, 9 août 2011.

d'autre choix que de converger avec la machine[1] parce que nos capacités biologiques naturelles ne feront pas le poids face à l'accélération exponentielle de la puissance des machines, de leurs capacités de traitement qui s'améliorent tous les jours et surtout face à l'avènement de l'intelligence artificielle. Il a annoncé en mars 2017 le lancement de sa nouvelle société Neuralink, qui développe une puce destinée à être insérée directement dans le cerveau et connectée à Internet pour augmenter nos capacités de traitement de l'information. L'annonce a suscité la fascination du monde de la Tech et une condamnation violente de la part des esprits les plus traditionalistes. Pour beaucoup, le projet d'Elon Musk relève de la science-fiction. Mais en 2018, des chercheurs ont déjà réussi à implanter un dispositif dans le cerveau qui envoie des impulsions électriques pour augmenter la mémoire.[2] Ils ont été capables d'augmenter la rétention de 15 % sur plusieurs tests. Nous ne sommes qu'au début de l'ère des technologies cérébrales : nous sommes déjà tous potentiellement des cyborgs. Beaucoup d'entre nous refuseront d'abord de se faire augmenter par la technologie. Mais tout comme ceux qui refusaient d'être équipés d'un téléphone portable à leur arrivée sur le marché dans les années 2000 ont fini par céder et possèdent

---

1. Arjun Kharpal, « Staying relevant in the age of artificial intelligence », *CNBC*, 14 février 2017.

2. Youssef Ezzyat *et al.*, « Closed-loop stimulation of temporal cortex rescues functional networks and improves memory », *Nature Communications*, Vol. 9, Article number : 365 (2018).

le dernier iPhone aujourd'hui, nous nous laisserons tous augmenter. La courbe d'adoption des innovations technologiques est toujours la même : elle commence par des innovateurs à l'affût des dernières technologies, des passionnés qui convertissent des *early adopters*, les adopteurs précoces, puis suivent la majorité des utilisateurs, et enfin les retardataires. D'importants débats éthiques auront lieu au cours des années à venir, mais peu importe notre rapidité à adopter les technologies, nos craintes, nos croyances : nous serons tous augmentés.

2

Vers des technologies contrôlées par la pensée

La technologie se conforme à nous

Les claviers disparaîtront. Les souris aussi. Difficile à imaginer aujourd'hui tant leur utilisation est encore largement répandue. Mais nos interactions avec les machines se transforment à une vitesse folle et elles n'auront bientôt plus rien à voir avec celles d'aujourd'hui. Ce n'est plus à nous d'apprendre à interagir avec les machines : ce sont à elles d'épouser nos manières naturelles d'interagir pour nous proposer une expérience instinctive. Il sera bientôt inconcevable d'avoir des interactions contraignantes avec la technologie. Plus personne ne tolérera de perdre du temps dans une interaction qui ne serait pas totalement fluide. Pour s'en convaincre, il suffit de regarder l'évolution. Nos premières interactions avec les machines étaient très contraignantes. On utilisait des claviers peu ergonomiques, sur des écrans noirs, pour saisir des commandes limitées. Seuls les professionnels et les passionnés pouvaient avoir le temps et la patience d'utiliser la technologie. Puis est arrivée une révolution qui aujourd'hui nous semble anodine tellement nous nous y sommes habitués : la souris, qui a permis d'utiliser chaque pixel des écrans avec plus de liberté. Aujourd'hui, claviers et souris continuent d'évoluer, mais il n'y a aucune raison qu'ils subsistent parce que leur utilisation est devenue beaucoup trop lourde face à l'arrivée d'une profusion de nouvelles formes d'interactions inspirées des films de science-fiction. La souris s'efface progressivement au profit des écrans tactiles qui nous permettent d'interagir directement, en touchant les applications sur nos smartphones et tablettes. De nouveaux dispositifs comme le projecteur Xperia Touch de Sony nous permettent même aujourd'hui de transformer n'importe quelle surface en écran tactile : l'appareil projette nos applications directement sur une surface, et utilise des capteurs pour repérer nos mouvements et rendre la surface tactile.

Quant aux claviers, au départ physiques, ils se déclinent maintenant sous forme d'applications comme Swiftkey, capables de nous suggérer des mots et des expressions en fonction du contexte. Ces claviers utilisent des algorithmes qui calculent les probabilités de saisir un mot ou une expression en fonction de ceux déjà saisis. Plus nous les utilisons, plus ils améliorent leurs prédictions et les personnalisent selon notre profil. Leur précision s'améliore au point qu'ils peuvent déjà rédiger presque entièrement des SMS et nous surprendre par leur pertinence. Grâce à ces nouveaux algorithmes, fini les corrections automatiques gênantes des premières versions de nos téléphones portables. Google et LinkedIn ont déjà déployé une fonctionnalité « *Smart reply* » pour préparer des réponses automatiques succinctes à nos messages. L'algorithme est capable de choisir le type de réponse attendue en identifiant des mots-clés pertinents. La prochaine étape sera de rédiger entièrement les messages de manière structurée et argumentée avec notre style, notre ton, notre vocabulaire et tout ceci en étant adapté au profil psychologique et à l'humeur du destinataire pour optimiser la réception du message. Très vite, l'amélioration du design, de la fluidité et de l'ergonomie de ces nouvelles formes d'interactions se conjugueront avec nos habitudes pour mettre un terme définitif à l'utilisation des traditionnels claviers et souris. L'objectif est de rendre chaque interaction contextuelle pour l'adapter à l'environnement et au moment et supprimer le maximum d'actions de notre part pour renforcer notre intimité avec les machines.

Les chatbots : discuter avec les machines

Depuis 2016, on assiste à un véritable buzz autour d'une interface d'un nouveau genre : le chatbot (ou agent conversationnel). Comme son nom l'indique, c'est un automate avec qui on peut engager une conversation écrite, qui nous donne l'impression de discuter avec un être humain. Les chatbots sont disponibles sur les plateformes de messagerie les plus courantes comme Facebook Messenger, Whatsapp, Slack, disponibles par e-mail et SMS ou intégrés directement sur les sites Internet. Les promesses de leurs créateurs sont audacieuses : faire disparaître les applications, trop nombreuses et peu ergonomiques pour nous permettre d'avoir une expérience aussi naturelle et spontanée qu'une conversation avec un ami. Au lieu de se lancer dans la recherche d'un restaurant sur Internet, il suffit d'envoyer un message écrit à son chatbot pour lui poser la question. Fini le temps de recherche, de tri, de comparaison, le chatbot nous répond et s'il a besoin de précisions, nous pose directement les questions pour affiner ses réponses.

Le développement des chatbots est impressionnant et il en existe pour absolument tout faire : nous donner l'actualité, trouver les meilleurs endroits où sortir autour de nous, commander une pizza ou un Uber, nous aider à poser un diagnostic sur des travaux domestiques, trouver des billets d'avion... Et pour nous appâter, les créateurs de chatbots, généralement de jeunes créateurs de startup, n'hésitent pas à nous faire rêver. Ils nous disent que leur chatbot est une intelligence artificielle, qu'elle comprend et apprend au fil des interactions tel un enfant... En réalité, même si les chatbots commencent à utiliser des algorithmes de compréhension du langage assez simples, il n'y a pas d'intelligence artificielle dans la majorité des chatbots aujourd'hui. L'expérience est d'ailleurs très frustrante la plupart du temps : l'agent ne vous comprend pas, vous fait répéter, se trompe, n'est pas pertinent... Ils ont simplement été préprogrammés avec des règles simples pour vous donner l'impression de comprendre, d'être intelligents, mais ils ne tiennent pas leurs promesses. Comme le dit le spécialiste des nouvelles technologies Laurent Alexandre : « Les chatbots sont de misérables scripts dont raffole le CAC40 parce que ça fait moderne »[1].

Mais en dépit des promesses non tenues des premiers chatbots, la tendance est là. Les géants du Web investissent massivement dans le développement de plateformes de création de chatbots pour permettre leur déploiement. Facebook a lancé en 2017 un *bot store*, l'équivalent d'un *app store* pour chatbots pour permettre aux utilisateurs de trouver les bots dont ils ont besoin. C'est ainsi que chaque entreprise peut désormais créer son chatbot très facilement en quelques clics pour interagir avec ses clients sur Facebook Messenger. De la même manière que toutes les entreprises doivent avoir leur site Internet, elles doivent désormais aussi avoir leur chatbot, sinon elles ne sont pas crédibles sur le digital. Quitte à faire n'importe quoi. Microsoft en a fait les frais en lançant Tay en 2016, un chatbot capable de tenir des conversations avec des utilisateurs sur Twitter. Microsoft avait mis en avant la capacité d'apprentissage de l'algorithme, qui pouvait apprendre de ses interactions avec les utilisateurs pour enrichir ses réparties et avoir des conversations plus riches et plus pertinentes. Au bout de quelques heures, plusieurs utilisateurs de Twitter ont voulu tester les limites du chatbot en se rendant compte qu'il apprenait vraiment de ses interactions et l'ont nourri de propos racistes. Le chatbot s'est exécuté et s'est effectivement mis à tenir des propos racistes en quelques heures. Microsoft l'a désactivé dans la journée. Ce bad

---

1. Laurent Alexandre, « L'éthique de l'intelligence », USI, 2017, www.youtube.com/watch?v=o3WOPKNvbt8

buzz de Microsoft illustre les limites des algorithmes de traitement du langage : soit ils sont programmés sous forme de scripts automatiques, ils n'apprennent rien et ne comprennent rien (la plupart), soit ils ont des formes d'apprentissage qui adaptent leurs réponses en fonction de leurs interactions. Dans tous les cas, ces algorithmes sont pour l'instant trop limités pour offrir une expérience fiable ou remplacer les applications. Mais même si les débuts sont pour l'instant insatisfaisants, les enjeux sont là : à l'avenir, interagir avec les machines en langage naturel sera déterminant.

Google prépare déjà l'avenir de son moteur de recherche avec un objectif radical : le faire disparaître. À l'avenir, nous n'irons plus sur Google.com taper nos recherches avec des mots-clés. Nous entretiendrons une véritable conversation avec le chatbot de Google, qui comprendra nos requêtes, ira chercher l'information lui-même sur le Web et nous répondra sous forme de discussion comme s'il était notre ami. Ce sont d'ailleurs les prémices de ce futur Google que Google Assistant, le chatbot lancé par Google, nous permet de découvrir. Il se souviendra de toutes nos discussions avec lui, de toutes nos recherches, de notre profil, de nos goûts et de la meilleure manière de nous répondre. Nous aurons tous un Google personnalisé, disponible à chaque instant pour répondre à toutes nos questions et satisfaire toutes nos requêtes.

Parler avec les machines

Encore plus naturel que d'utiliser les applications en discutant avec elles par écrit : pouvoir parler avec elles directement avec la voix. On a déjà eu un aperçu assez amusant de ces interactions par la voix avec les assistants vocaux disponibles dans nos smartphones dont Siri est le plus connu. Siri nous a fait rire, il sait vous dire que c'est bien vous la plus belle lorsque vous lui posez la question, il sait aussi vous donner la météo ou mettre votre réveil lorsque vous lui demandez. En revanche, dès que vous lui posez une question plus subtile, il se limite à vous proposer les résultats d'une recherche sur Internet.

Cependant, même s'il leur reste encore beaucoup de progrès à faire en matière de compréhension, les algorithmes ont fait ces dernières années un véritable bond en avant en matière de reconnaissance vocale. En mai 2017, lors de la Keynote Google I/O, Sundar Pichai, le CEO de Google, a annoncé que leur système de reconnaissance vocale avait désormais un taux d'erreur de moins de 4,9 %, ce qui est une avancée spectaculaire. Jeff Dean, l'un des responsables de la recherche chez Google, a déclaré que ces nouveaux algorithmes avaient permis de réduire le taux d'erreur de 30 % par rapport à 2012.[1] Au rythme actuel, ces algorithmes devraient être capables de tendre rapidement vers des taux d'erreur proches de zéro. Évidemment, il restera d'autres challenges,

---

1. Jordan Novet, « Google has slashed its speech recognition word error rate by more than 30 % since 2012 », VentureBeat.com, 11 janvier 2017.

comme de leur permettre de reconnaître la voix même dans des environnements bruyants ou de différencier tous les accents d'une langue. En outre, comme ces algorithmes fonctionnent dans le *cloud*, il faudra considérablement améliorer la connectivité pour qu'ils puissent être accessibles de n'importe où. Ou leur permettre de fonctionner en local sur nos machines, sans réseau. L'idée est de pouvoir rapidement tenir des conversations aussi fluides, naturelles et spontanées qu'avec des humains, l'accès illimité à la connaissance de Google en plus. Parce que dans les prochaines années, la voix sera une interface incontournable et deviendra un standard pour interagir avec les objets et la technologie en général. Les appareils électroménagers n'auront plus de boutons, d'interrupteurs, de variateurs ou même d'écrans tactiles : nous entretiendrons des conversations avec nos fours, nos voitures, nos haut-parleurs, nos machines à laver et nos miroirs. Les géants du Web commencent déjà à se battre entre eux pour être l'interface standard que l'on utilisera demain avec tous nos objets. Ils ont chacun lancé leur assistant personnel vocal à poser dans votre salon. Amazon a lancé Alexa qui permet de passer ses commandes sur Amazon ; Google a lancé Google Assistant qui répond à nos questions, nous amuse et joue de la musique sur demande. Ils commencent par rentrer dans nos salons, mais ont bien l'intention de connaître parfaitement nos goûts, nos profils et nos habitudes et de nous suivre partout pour nous permettre d'avoir une expérience sans coupure : vous commencerez une discussion avec votre assistant vocal chez vous que vous continuerez sur votre smartphone et que vous pourrez même poursuivre avec le miroir dans la salle de bains de vos amis chez qui vous irez dîner, dans la cabine d'essayage en faisant du shopping ou avec votre siège dans l'avion. Les interfaces vocales vous suivront partout. Elles vous reconnaîtront parce qu'elles se synchroniseront avec votre smartphone ou vous reconnaîtront à d'autres critères comme votre visage, votre voix, votre iris... Comme Windows ou Android, elles deviendront de véritables systèmes d'exploitation avec une session ouverte en permanence et partout, pour vous offrir une expérience personnalisée ininterrompue.

Interagir avec les machines sans les toucher

Dans le film *Minority Report*, on voit Tom Cruise interagir avec un ordinateur sans le toucher, en faisant des gestes dans l'espace devant lui pour faire défiler des images. Futuriste à l'époque de la sortie du film en 2002, ce type d'interface est aujourd'hui une réalité. Des capteurs permettent de nous reconnaître bouger dans l'espace pour ensuite piloter des machines. Microsoft a lancé en 2010 la Kinect, l'un des premiers dispositifs grand public pour jouer à des jeux vidéo sans manette, simplement en étant reconnu dans l'espace. On peut par exemple danser devant l'écran et le dispositif reproduit les mouvements de notre corps directement dans le personnage sur l'écran. Bien qu'encore limités en termes d'usages, les dispositifs de capture de mouvements sont dès aujourd'hui opérationnels. Difficile de dire pour l'instant quels usages seront tirés de ces capteurs de mouvements, mis à part peut-être pour essayer des vêtements dans une cabine virtuelle ou pour la réalisation de films – on se voit mal utiliser son smartphone à distance avec des gestes. En revanche, il y a une manière plutôt prometteuse d'interagir avec la technologie à distance : c'est de le faire simplement avec le regard. L'*eye tracking* correspond à des dispositifs capables de capter le mouvement et la direction de nos yeux pour piloter des machines ou utiliser des applications. Le concept fait rêver. Nous allons pouvoir utiliser notre smartphone sans les mains, simplement en visant certaines zones de l'écran avec le regard ; le dispositif suivra notre regard et sera capable de faire défiler les pages tout seul lorsqu'on arrivera en bas de l'écran. Nous allons pouvoir surfer sur Internet en cliquant sur les liens avec un clin d'œil ! Aujourd'hui, les technologies d'*eye tracking* sont très utilisées en marketing pour savoir où se porte le regard des clients en magasin ou sur les publicités. Mais très vite, nous aurons ces technologies dans nos poches, dans nos smartphones et sur tous les ordinateurs. Microsoft a d'ailleurs intégré le suivi oculaire dans son système d'exploitation Windows dès 2017.

Nos moindres expressions faciales peuvent aujourd'hui être saisies par des capteurs de plus en plus précis pour interagir avec la technologie. Pour utiliser son ordinateur, le physicien britannique Stephen Hawking, atteint d'une sclérose latérale amyotrophique, utilisait par exemple un capteur infrarouge qui détectait les micromouvements de ses joues.[1] Le dispositif était sa

---

1. www.hawking.org.uk/the-computer.html

seule interface et lui permettait de tout faire avec son ordinateur : écrire, parler, surfer sur Internet, donner des conférences… En théorie, il n'y a aucune limite quant au choix des parties de notre corps à faire capter par les machines pour interagir avec elles et entre nous. Nous contrôlerons notre environnement d'un battement de cils et les machines reconnaîtront nos micro-expressions faciales et nos émotions pour adapter l'expérience qu'elles nous proposent.

Contrôler les machines par la pensée

La dernière frontière à franchir pour rendre nos interactions les plus immédiates et intimes possible avec les machines, c'est de court-circuiter nos actions et nos sens, de faire disparaître toutes les interfaces pour utiliser directement l'interface ultime : notre cerveau. Et là encore, ça n'est pas une utopie. Les progrès considérables des dernières années en neurosciences nous permettent de visualiser l'activité cérébrale, de voir les zones du cerveau qui s'activent selon nos pensées. On peut désormais, avec des dispositifs non intrusifs posés directement sur le crâne, capter le signal généré par le cerveau (électroencéphalogramme), reconnaître le schéma de ce signal selon nos pensées et programmer des machines pour réagir à ce signal. On est capable par exemple de piloter un drone par la pensée.[1] Il suffit de calibrer le pilotage en pensant par exemple à un arbre et

1. « Controlling Drones With Your Mind », University of Florida, 2015, www.youtube.com/watch?v=hLjxMjBlB9k

de laisser la machine enregistrer notre signal cérébral lorsqu'on pense à un arbre, puis de programmer le drone en associant ce signal au décollage. Il suffira ensuite de penser à un arbre pour faire décoller le drone. Les applications de ces interfaces cerveau-machine sont illimitées et en plein essor. La société Neurable a lancé un casque avec des électrodes qui captent l'activité cérébrale pour jouer à un jeu vidéo en réalité virtuelle uniquement par la pensée. Facebook a annoncé travailler sur un dispositif pour nous permettre de discuter directement avec sa plate-forme par la pensée. Quoi de plus rapide que de penser à un message pour qu'il soit directement rédigé sur le mur de nos amis ou dans une conversation Messenger ? L'ambition des géants du Web et des startups de la Silicon Valley avec ces interfaces cerveau-machine est immense. À terme, l'objectif n'est pas difficile à déceler : c'est de nous doter d'un superpouvoir télépathique, pour nous permettre de communiquer directement par la pensée, de cerveau à cerveau.

Ces interfaces vont ouvrir une période d'augmentation de productivité considérable. Plus question de perdre du temps à regarder, sélectionner, cliquer, toucher, prendre, activer ou même à dire : notre intention nous suffira pour interagir avec notre environnement, avec les machines et entre nous. Nous pourrons contrôler ce qui nous entoure par la pensée, dans toutes les industries.

En médecine, on peut d'ores et déjà permettre à des personnes amputées d'un membre d'en retrouver un usage (pour l'instant assez limité) avec une prothèse contrôlée par la pensée.[1] En 2015, des chercheurs de l'université de Duke ont même été jusqu'à implanter une puce (*brain-chip*) directement dans le cerveau d'un singe en fauteuil roulant. La puce capte son activité cérébrale et reconnaît les intentions du singe pour se déplacer. Après une phase d'apprentissage, le singe a réussi à se déplacer en fauteuil pour aller chercher une récompense. L'expérience a montré que ces implants peuvent prendre part à l'activité cérébrale et que l'individu qui en est équipé peut, avec une période d'apprentissage, développer de nouvelles capacités en les utilisant.

Les questions d'éthique soulevées par ces avancées donnent le vertige. Jusqu'où acceptera-t-on de laisser ces technologies (et donc les acteurs qui les mettent en œuvre) lire dans nos pensées pour faciliter nos interactions ? Qui protégera l'accès au contenu de nos pensées par des tiers ? Les réflexions actuelles de fond autour des enjeux de vie privée et de protection des données ne sont rien par rapport à celles qui nous attendent et que vont soulever les neuro-technologies à venir.

---

1. « Prosthetic Limbs, Controlled by Thought », *New York Times*, 20 mai 2015.

3

La révolution
de l'intelligence artificielle

De la science-fiction à la réalité

« Avec l'intelligence artificielle, nous sommes en train d'invoquer le démon. » Voilà comment Elon Musk a lancé son premier avertissement au monde lors d'une conférence au MIT en 2014[1], dans laquelle il expliquait également que selon lui, l'intelligence artificielle était plus dangereuse que les armes nucléaires. En 2017, il réitère : « l'intelligence artificielle est le plus grand risque auquel la civilisation est confrontée »[2]. De la part d'un entrepreneur de génie, la mise en garde a l'air sérieuse. Et Elon Musk n'est pas le seul à s'en inquiéter. Stephen Hawking, l'astrophysicien spécialiste des trous noirs et professeur de mathématiques, a déclaré dans une interview à la

---

1. « Tesla's Elon Musk : We're "Summoning the Demon" with Artificial Intelligence », Bloomberg, 2014, www.youtube.com/watch?v=Tzb_CSRO-0g

2. « Introducing the New Chair's Initiative "Ahead of the Curve" », NGA 2017 Summer Meeting, www.youtube.com/watch?v=2C-A797y8dA

BBC en 2014 qu'elle pourrait mettre fin à l'humanité.[1] Selon lui, l'intelligence artificielle pourrait être la meilleure comme la pire chose qui arriverait à l'humanité, mais elle pourrait aussi être la dernière. Difficile de faire mise en garde plus anxiogène. D'autres sont plus nuancés, comme Mark Zuckerberg, le CEO de Facebook, qui estime que ces prédictions sont irresponsables[2] et que l'intelligence artificielle a le potentiel de rendre le monde meilleur. Ce qui est certain, c'est que malgré l'immense diversité des opinions sur l'intelligence artificielle, sur son potentiel de transformation de la société, ses dangers et ses risques, nous entrons dans une nouvelle période de disruption.

Pendant des décennies, les chercheurs ont eu pour ambition de rendre les machines intelligentes sans y parvenir – cela restait de la science-fiction. En 1956, la conférence estivale de Dartmouth a rassemblé scientifiques et mathématiciens pendant plusieurs semaines pour établir les fondements de cette nouvelle discipline qui porte désormais un nom : l'intelligence artificielle. Les participants pensaient qu'en réfléchissant ensemble à ce qu'est l'intelligence avec ses règles de fonctionnement, ses capacités et ses objectifs, ils allaient pouvoir la modéliser, et faire faire par une machine tout ce que l'intelligence

---

1. « Stephen Hawking : "AI could spell end of the human race" », *BBC News*, 2014, www.youtube.com/watch?v=fFL-VyWBDTfo

2. Catherine Clifford, « Facebook CEO Mark Zuckerberg : Elon Musk's doomsday AI predictions are "pretty irresponsible" », *CNBC*, 24 juillet 2017.

humaine est capable de faire : aussi bien résoudre des problèmes que réaliser des tâches, calculer, comprendre le langage et s'exprimer, abstraire des concepts et de manière générale permettre à la machine de comprendre... La réalité allait s'avérer beaucoup plus complexe que prévu et les décennies qui ont suivi ont vu le développement de plusieurs approches et écoles de pensées aux convictions très différentes.

L'intelligence est d'abord difficile à définir. Est-ce qu'imiter ce que permet de faire l'intelligence humaine est suffisant pour relever de l'intelligence ? Le philosophe John Searl pense que non et en 1980, il invente l'expérience de pensée de la chambre chinoise pour le prouver[1] : si l'on enferme quelqu'un qui ne parle pas chinois dans une chambre isolée qui contient un manuel avec les règles syntaxiques du chinois, il sera capable de répondre à un interlocuteur extérieur en chinois avec des phrases correctes d'un point de vue de la syntaxe et de la logique, mais il sera incapable de comprendre ce qu'il lit et dit. Autrement dit, il pourra donner l'impression à l'interlocuteur extérieur qu'il comprend le chinois alors qu'il ne fait qu'appliquer des règles logiques et traiter des symboles.

D'autres écoles pensent au contraire qu'imiter ce que fait l'intelligence une fois qu'on a défini clairement ses objectifs est suffisant pour relever de l'intelligence et que c'est précisément pour cela qu'on parle d'« artificiel » : faire la même chose que, mais de manière non naturelle. Selon

---

1. Searle, John. R. (1980), « Minds, brains, and programs », *Behavioral and Brain Sciences* 3 (3) : 417-457.

cette approche, un avion (vol artificiel) est à un oiseau (vol naturel) ce que l'intelligence artificielle est à l'intelligence naturelle. Ils atteignent le même objectif – ils volent tous les deux –mais l'avion vole avec des matériaux différents et a été fabriqué de toutes pièces. On considère dans ce cas uniquement la fonction vol de l'oiseau, ce qui est évidemment très réducteur puisqu'un oiseau est beaucoup plus que sa capacité à voler : il prend des décisions, a des objectifs qu'il définit lui-même, cherche à survivre, etc.

Mais c'est finalement une autre approche qui dominera à partir des années 1970 : les systèmes experts. Dans cette approche, on définit des règles de décision (moteurs d'inférences) que l'on veut les plus proches possible des règles qu'applique l'intelligence humaine et on les croise avec une base de connaissances. Par exemple, pour faire un diagnostic médical, on peut partir de symptômes que les règles vont confronter à la connaissance médicale, pour aboutir par logique et probabilités à un diagnostic. Problème n° 1 : on connaît mal les règles qu'applique l'intelligence humaine, on se limite donc ici à la logique déductive. Problème n° 2 : ces règles sont figées, il est difficile et contraignant pour le système de s'enrichir de lui-même, de trouver de nouvelles règles tout seul, de s'adapter.

Une autre approche retenue pour développer l'intelligence artificielle est celle du biomimétisme : s'inspirer de ce que l'on sait du fonctionnement de l'intelligence d'un point de vue biologique pour le modéliser sur un substrat artificiel. On s'inspire ici du fonctionnement du cerveau humain en modélisant des réseaux de neurones artificiels qui s'activent ou se désactivent selon les informations qu'ils reçoivent. Les réseaux de neurones artificiels permettent, en traitant différents niveaux conceptuels dans les données (contours, formes, couleurs...), de reconnaître des objets. Les systèmes postaux les utilisent par exemple pour lire les adresses sur les enveloppes en partant de chaque pixel puis en montant niveau par niveau : en reconnaissant les contours, puis la forme générale de la lettre ou du chiffre, pour finir par reconnaître toute l'adresse.

Toutes ces approches pour développer de l'intelligence artificielle se complètent, se nourrissent les unes les autres et s'enrichissent de l'apport d'autres disciplines : psychologie, neurosciences, philosophie, anthropologie, etc. Depuis 1956, l'intelligence artificielle a connu des hauts et des bas, des vagues d'enthousiasme et des périodes de gel où l'on semblait ne plus faire de progrès. La progression a été lente pour plusieurs raisons. D'abord, le développement de l'intelligence artificielle nécessite une puissance de calcul considérable qui n'était pas disponible ou très chère. Ensuite, elle nécessitait des données pour imaginer, tester, affiner ce qu'on souhaitait lui faire faire. Et pour finir, les différentes écoles ne se mélangeaient pas ou très peu. Depuis le milieu des années 2000, nous vivons une phase de renaissance de l'intelligence artificielle. Nous disposons désormais de la puissance de calcul. Les données sont disponibles en abondance. Et les algorithmes élaborés depuis les années 1950 sont accessibles en ligne et utilisables facilement. Des programmeurs de plus en plus nombreux les utilisent, les améliorent, les mélangent pour créer de nouvelles approches, ce qui accélère la dynamique d'innovation de l'intelligence artificielle.

Et les résultats sont là. Ils sont impressionnants et font la Une de la presse. Pas un jour ne passe sans que l'intelligence artificielle ne réalise une nouvelle prouesse. Relevant à ses débuts de la science-fiction, l'intelligence artificielle est aujourd'hui une réalité dans laquelle nous entrons et elle va totalement transformer le monde dans lequel nous vivons.

Donner la vue aux machines

L'un des progrès les plus spectaculaires de ces dernières années en intelligence artificielle, et qui sera décisif pour contribuer à son développement dans les prochaines décennies, est d'avoir permis aux machines de voir, de reconnaître ce qu'il y a dans leur environnement visuel. Grâce aux progrès des réseaux de neurones (ceux qui permettent aux services postaux de lire les adresses), on peut désormais apprendre aux machines à reconnaître ce qui se trouve dans leur environnement de manière de plus en plus précise en leur fournissant des photos. On ne cherche pas à programmer la machine pour qu'elle reconnaisse ce qu'il y a sur les photos. On lui donne simplement des exemples et on la supervise, en lui indiquant ce qui se trouve sur chaque photo – un chat noir par exemple, ou une maison bleue. Puis l'algorithme du réseau de neurones agrège toutes les photos contenant l'élément qu'on lui a indiqué et calibre toutes ses valeurs pour finir par être capable de reconnaître parfaitement l'élément en question. L'algorithme fonctionne en montant dans les niveaux d'abstraction : il part des pixels, puis définit les contours, les formes, puis l'objet en relation avec les autres éléments sur la photo. C'est par exemple de cette manière que Facebook est en mesure de vous reconnaître sur vos photos : lorsqu'un de vos amis Facebook vous tag sur une photo, il indique à l'algorithme que vous êtes sur la photo. Facebook n'a plus qu'à agréger toutes les photos où vous êtes identifié, puis calibrer son réseau de neurones pour ensuite pouvoir vous identifier tout seul sur de nouvelles photos. Plus l'algorithme aura vu d'exemples, plus il sera capable de reconnaître ce qu'il y a sur les photos, avec un taux d'erreur décroissant. En 2012, Google a fait la Une de la presse en annonçant avoir appris à son intelligence artificielle le concept de chat. Les ingénieurs ont fait visionner des millions de vidéos contenant des chats à leur algorithme d'intelligence artificielle pour l'entraîner à reconnaître un chat. Après la phase d'apprentissage, l'algorithme a non seulement été capable de se calibrer pour reconnaître un chat sans se tromper, mais il a également été capable de produire une représentation visuelle de l'idée qu'il s'était construite d'un chat. L'image est légèrement floue[1], on distingue les caractéristiques générales d'un chat : le museau, les vibrisses, les yeux, le pelage... Mais la prouesse réside dans le fait que l'algorithme a découvert par lui-même le concept de chat sans qu'un être humain ne le lui apprenne préalablement. Même si les réseaux

---

1. « Using large-scale brain simulations for machine learning and A.I. », Google Official Blog, 26 juin 2012.

de neurones existent depuis de nombreuses années, leurs progrès ces dernières années ont été considérables. Ils comportent désormais jusqu'à une vingtaine de couches de neurones, ce qui leur permet d'atteindre des niveaux de reconnaissance de schémas dans les données avec une précision inégalée. C'est ce que fait le Deep Learning, la méthode qui a suscité le plus d'enthousiasme ces dernières années.

Le Deep Learning ne reproduit pas le fonctionnement du cerveau humain mais il s'en inspire. Et la course au Deep Learning est désormais lancée. Toutes les tâches nécessitant un traitement minutieux de l'image sont en passe d'être confiées au Deep Learning : on apprend aux machines à reconnaître parfaitement nos émotions *via* nos micro-expressions faciales, ou à reconnaître des anomalies comme des tumeurs sur de l'imagerie médicale.[1] Nous n'en sommes qu'aux débuts de cette révolution, mais très vite, toutes les tâches nécessitant du traitement précis d'image seront réalisées par le Deep Learning parce qu'il sera plus précis, plus cohérent, aura une résolution qui dépasse largement celle de nos sens et des résultats plus fiables. L'industrie du hardware est en pleine effervescence et produit d'ores et déjà la prochaine génération de puces GPU (Graphics Processing Units) nécessaires pour démocratiser le Deep Learning. L'iPhone X est déjà équipé d'une puce permettant la reconnaissance faciale.

---

1. Hoo-Chang Shin *et al.*, « Learning to Read Chest X-Rays : Recurrent Neural Cascade Model for Automated Image Annotation », National Institutes of Health, Bethesda, 20892-1182, USA.

Apprendre aux machines
à effectuer des tâches

La révolution du Deep Learning a permis aux machines de reconnaître ce qu'il y a dans leur environnement, de leur donner la vue. Mais pour se rapprocher de l'intelligence, il manquait aux machines la capacité à apprendre à atteindre toutes seules des objectifs. C'est désormais chose faite avec le Reinforcement Learning (apprentissage par renforcement), qui n'a pas encore le succès médiatique du Deep Learning, mais dont tout le monde parlera bientôt en faisant référence à l'intelligence artificielle. Avec le Reinforcement Learning, on dote la machine d'un environnement avec des contraintes et des possibilités d'actions, ainsi que d'un objectif à atteindre. Puis on la laisse s'entraîner par essais/erreurs pour qu'elle atteigne cet objectif toute seule. Dans cette approche, on renforce l'algorithme en le récompensant lorsqu'il se rapproche de l'objectif attribué et on le punit lorsqu'il s'en éloigne. On peut par exemple apprendre à une machine à jouer toute seule à un jeu vidéo comme Super Mario.[1] L'objectif de la machine est de terminer le niveau sans mourir en maximisant le total des points. La machine joue en essayant plusieurs stratégies, en gardant celles qui fonctionnent le mieux et en introduisant des variations aléatoires dans son jeu pour découvrir de nouvelles stratégies potentielles. Après suffisamment d'itérations,

---

1. Alexander Jung, « AI playing Super Mario World with Deep Reinforcement Learning », 2016, www.youtube.com/watch?v=L4KBBAwF_bE

la machine arrive à un algorithme de jeu optimal. Elle ne comprend évidemment pas qu'elle a le rôle de Mario qui doit sauter pour éviter les obstacles et attraper des pièces. Elle a simplement optimisé la suite d'actions à mener en fonction des pixels qui s'affichent sur l'écran.

Apprendre à une machine à jouer à un jeu vidéo peut paraître dérisoire. On attend beaucoup plus d'une intelligence artificielle. En réalité, le potentiel de la combinaison du Deep Learning et du Reinforcement Learning est considérable. Si l'on est capable de laisser une machine s'entraîner toute seule à jouer à un jeu vidéo simplement avec des pixels sur un écran, cela veut dire qu'on peut lui apprendre à effectuer pratiquement n'importe quel type de tâche. Il suffit de lui donner un environnement visuel et de la laisser aller par entraînement vers son objectif. En 2016, Open AI, l'organisation fondée par Elon Musk et Sam Altman, a lancé Universe, une plateforme d'entraînement, qui nous permet de connecter une intelligence artificielle à des logiciels, qu'il s'agisse de jeux vidéo comme Super Mario ou de logiciels plus courants comme notre navigateur Internet[1], pour montrer à l'intelligence artificielle ce qu'il se passe sur notre écran lorsque nous effectuons certaines actions. Par exemple, l'intelligence artificielle observe et enregistre les déplacements de notre souris sur l'écran lorsqu'on surfe sur Internet, lorsqu'on remplit un formulaire ou lorsqu'on clique sur un lien puis s'entraîne à effectuer ces tâches toute seule. L'objectif est d'apprendre à l'intelligence artificielle à réaliser de nombreuses

---

1. http://alpha.openai.com/miniwob/index.html

tâches différentes en les lui montrant. Elle sera capable ensuite, lorsqu'elle sera sollicitée pour une tâche plus complexe (par exemple réserver un billet d'avion sur Internet ou utiliser un tableur), de la réaliser de manière autonome en combinant toutes les petites tâches apprises. De la même manière que nous pouvons tous contribuer à la connaissance mondiale en alimentant Wikipedia, nous allons tous participer à l'éducation de l'intelligence artificielle en lui montrant de nouvelles tâches à réaliser, qu'elle sera ensuite en mesure de réaliser sans nous.

Une révolution universelle

Parler de révolution face aux progrès récents de l'intelligence artificielle semble en réalité trop modeste, tant sont considérables les changements qui attendent nos sociétés et nos vies en général. Pas un seul secteur ne sera épargné. Tous les aspects de nos vies seront touchés.

Dans le secteur médical, les applications sont nombreuses. En 2016, Watson, l'intelligence artificielle développée par IBM, a réussi à diagnostiquer une leucémie rare sur une patiente au Japon en une dizaine de minutes, alors que les médecins étaient incapables de poser un diagnostic correct.[1] Watson a également été capable de parcourir des centaines de milliers d'études sur le cancer et de proposer un traitement adapté

1. Tomoko Otake, « IBM big data used for rapid diagnosis of rare leukemia case in Japan », *The Japan Times*, 11 août 2016.

à un patient atteint de glioblastome en moins de dix minutes, alors qu'on estime qu'il aurait fallu 160 heures aux médecins.[1] La recherche médicale sera considérablement accélérée avec l'aide des algorithmes capables de lire et analyser des centaines de milliers d'études, de les croiser, de les relier, ce qui est évidemment impossible pour un chercheur humain aujourd'hui. Ces algorithmes pourront également tester des hypothèses plus ou moins aléatoires pour orienter les chercheurs sur de nouvelles pistes. Mark Zuckerberg, le CEO de Facebook, a lancé en 2016 une initiative ambitieuse qui montre que la santé est le prochain terrain de jeu des géants du Web et qu'ils n'ont absolument aucune limite dans leurs initiatives : pouvoir prévenir, traiter et guérir toutes les maladies qui nous empêchent d'atteindre une espérance de vie de 100 ans avant la fin du siècle grâce aux technologies les plus avancées, dont l'intelligence artificielle.[2] L'initiative fait sourire certains médecins tandis que d'autres la regardent avec mépris. Mais Mark Zuckerberg est déterminé. Les ambitions de Google, elles, sont encore plus folles. Ses dirigeants considèrent la mort comme une maladie dont ils veulent nous guérir, pour nous rendre immortels avec leur filiale Calico.[3]

---

1. Kazimierz O. Wrzeszczynski *et al.*, « Comparing sequencing assays and human-machine analyses in actionable genomics for glioblastoma », *Neurology Genetics*, 11 juillet 2017.

2. www.facebook.com/notes/mark-zuckerberg/can-we-cure-all-diseases-in-our-childrens-lifetime/10154087783966634/

3. Harry McCracken, Lev Grossman, « Google vs. Death », *Time Magazine*, 30 septembre 2013.

Dans le secteur juridique également, les applications sont nombreuses. Ross, l'intelligence artificielle d'IBM, équipe déjà de nombreux cabinets d'avocats aux États-Unis. Elle permet aux avocats de lui poser des questions légales en langage naturel. Et en un temps record, Ross parcourt des documents légaux, qu'il s'agisse du Code ou de la jurisprudence, les analyse, retrouve des arguments pertinents, les trie et les relie entre eux et à d'autres sources. Le temps gagné par les avocats est considérable. La banque J.P. Morgan a par exemple annoncé en 2017 qu'elle utilise une intelligence artificielle pour relire et analyser des contrats. L'algorithme est capable de réaliser en quelques secondes ce qui auparavant nécessitait plus de 360 000 heures de travail par an de la part des avocats de la banque. Pour l'instant déployée sur des contrats simples, on imagine assez bien l'ampleur des gains de productivité dès que l'algorithme sera capable de traiter des cas plus complexes. Quel sera l'avenir des juges dès lors que les deux parties utiliseront des algorithmes pour anticiper des probabilités de jugement ? Les parties en conflit pourront alors simplement régler leur différend à l'amiable sans intervention d'un juge pour trancher.

Dans le domaine de l'énergie, Google a réussi en 2016 à réduire de 40 % sa facture d'électricité sur le refroidissement de ses serveurs grâce à une intelligence artificielle qui ajuste la gestion de l'énergie en temps réel. Cela correspond à une baisse d'énergie de 15 %. En 2017, Google a annoncé vouloir aller encore plus loin : réduire de 10 % la facture d'électricité totale de la ville de Londres.

Les techno-pessimistes minimisent sans cesse les avancées de l'intelligence artificielle. Une croyance qui revient souvent est celle-ci : « Oui l'intelligence artificielle parvient à faire de plus en plus de choses, mais il restera toujours la créativité à l'homme ! » Cette croyance est fausse. L'objectif, en faisant progresser l'intelligence artificielle, est de pouvoir faire faire à une machine tout ce que fait notre cerveau. À partir du moment où l'on définit la créativité, on doit être capable de la modéliser. Des définitions de la créativité, il en existe beaucoup. Une manière simple de la définir, c'est de dire qu'il s'agit de la capacité à assembler au moins deux éléments qui n'ont pas encore été assemblés pour en faire quelque chose de nouveau. C'est valable en musique lorsqu'on assemble des notes les unes à la suite des autres, en peinture lorsqu'on combine formes et couleurs, en littérature lorsqu'on assemble des mots et des idées... Le processus créatif dans le cerveau n'est pas parfaitement connu, il est certainement inconscient et c'est précisément ce qui fait le génie : qu'on ne le comprenne pas. Mais aujourd'hui, nous sommes capables avec certains algorithmes de nous rapprocher de ce processus de créativité. Ce sont des algorithmes qui jettent des hypothèses dans les données qu'on leur fournit, qui tentent de relier des éléments entre eux et d'évaluer ensuite la valeur de ce rapprochement en comparant avec ce qui existe déjà. C'est de cette manière que l'intelligence artificielle de Google est capable de peindre des tableaux[1] et de composer de la musique[2].

---

1. https://deepdreamgenerator.com
2. https://magenta.tensorflow.org

Récemment, c'est même un album entier qui a été composé par une intelligence artificielle.[1] Certains algorithmes peuvent également écrire des scénarios de courts-métrages.[2] En 2017, un développeur impatient d'attendre le prochain livre de *Game of Thrones* a utilisé une intelligence artificielle pour le rédiger.[3] Évidemment, il est facile de critiquer la qualité de ces créations (pourtant spectaculaires). Mais il faut se rappeler, encore une fois, que nous ne sommes qu'au début de cette révolution.

Ces quelques exemples d'application de l'intelligence artificielle ne sont pas exhaustifs. Il en sort chaque jour de nouveaux, toujours plus stupéfiants les uns que les autres, dans tous les domaines. Ils ne dépendent que de l'imagination de leurs créateurs. Ce qui est certain, c'est que l'intelligence artificielle sera bientôt omniprésente, elle sera partout autour de nous. Sundar Pichai, le CEO de Google, a déclaré que nous passions d'un monde « *mobile first* » à un monde « *AI first* ».[4] Les géants de l'Internet sont les premiers acteurs de cette révolution. Ils injectent de l'intelligence artificielle partout, dans tous leurs produits et leurs services. Google a annoncé en 2016 avoir plusieurs milliers de projets en cours sur l'intelligence artificielle.[5]

1. www.flow-machines.com/ai-makes-pop-music

2. Oscar Sharp, « Sunspring | A Sci-Fi Short Film Starring Thomas Middleditch », 2016, https://youtu.be/LY7x2Ihqjmc

3. Lauren Tousignant, « Artificial intelligence is writing the next *Game of Thrones* book », *New York Post*, 29 août 2017.

4. Google, Google I/O Keynote, 2017, https://youtu.be/Y2VF8tmLFHw

5. www.eetimes.com/document.asp?doc_id=1330004

Enjeux pour les entreprises

Depuis l'explosion médiatique de l'intelligence artificielle ces dernières années grâce à ses prouesses impressionnantes, toutes les entreprises s'y intéressent. Et elles rêvent. Beaucoup. Elles pensent que l'intelligence artificielle est la solution à tous leurs problèmes. Qu'elles vont pouvoir tout automatiser, de la comptabilité aux process les plus complexes, qu'elles vont pouvoir connaître parfaitement leurs clients avec toutes sortes d'indicateurs et ainsi considérablement augmenter leur chiffre d'affaires. Les cabinets de conseil leur disent que leurs données sont un trésor sur lequel elles sont assises. La réalité est beaucoup plus complexe. Il est vrai que les entreprises auront intérêt à injecter de l'intelligence artificielle dans leur fonctionnement pour optimiser leurs processus et réduire leurs coûts. Cela sera indispensable à leur survie, parce que si elles ne le font pas, leurs concurrents le feront et capteront le marché. Mais contrairement à ce que les entreprises croient, utiliser l'intelligence artificielle ne sera pas suffisant pour leur éviter de se faire disrupter pour une raison purement économique. D'abord, parce que dès qu'une solution d'intelligence artificielle sera intégrée avec succès pour optimiser un processus ou améliorer la connaissance client, chaque concurrent répliquera immédiatement. Les entreprises d'un même secteur se retrouveront vite au même niveau de maturité technologique avec l'intelligence artificielle, et la concurrence classique continuera à se faire par les prix. Autrement dit, pas de création de valeur, simplement de la récupération de valeur existante, sur des marchés existants.

Deuxièmement, et c'est le plus grand danger des entreprises en ce moment : attention au syndrome Kodak (ou BlackBerry !). Avec l'arrivée de l'intelligence artificielle, la majorité des entreprises se demandent comment l'utiliser pour mieux faire leur activité actuelle, celle qui leur fait gagner de l'argent, alors que l'intelligence artificielle menace l'existence même de certaines activités. De la même manière que Kodak n'a pas compris que l'arrivée des appareils photo numériques rendait son activité d'impression de photos obsolète, beaucoup d'entreprises aujourd'hui ne comprennent pas que l'activité qui fonde leur raison d'être pourrait être balayée par l'intelligence artificielle. L'enjeu pour les entreprises est stratégique : il ne s'agit pas d'injecter de l'intelligence artificielle dans leur activité actuelle pour la poursuivre en mieux, mais de se poser la question, une fois qu'elles ont compris les potentiels de l'intelligence artificielle, de l'existence même de leur activité. Si elles se rendent comptent que leur activité disparaîtra avec l'intelligence artificielle, elles doivent d'urgence chercher à pivoter comme une startup, pour aller chercher la valeur là où elle sera une fois que l'intelligence artificielle sera démocratisée. Cela peut impliquer un changement total d'activité. Une banque, par exemple, ne fera peut-être un jour plus de finance une fois que tous les flux seront optimisés, mais pourrait se transformer en un coffre-fort de données pour les utilisateurs récalcitrants à les confier à Google.

Ce problème d'approche de l'intelligence artificielle en entreprise est fondamental. Toutes les entreprises qui sont en ce moment à la course aux « *use cases* » (cas d'usage) avec de l'intelligence artificielle, qui cherchent à en mettre partout dans leur activité, devraient plutôt se demander si leur activité sera pérenne une fois l'intelligence artificielle démocratisée pour ensuite intégrer de l'intelligence artificielle ou créer de nouvelles activités si elles anticipent que leur business actuel disparaîtra.

Controverse sur les destructions d'emplois

L'une des questions qui revient sans cesse dès que l'on parle d'intelligence artificielle est celle de l'emploi, avec d'un côté ceux qui croient que l'emploi va se raréfier, voire à terme disparaître, et de l'autre ceux qui pensent au contraire qu'il va se déplacer, qu'il y aura une création nette d'emplois dans de nouveaux secteurs. Sur cette question, les études d'impact que publient beaucoup d'institutions et de cabinets de conseil qui cherchent à quantifier les proportions et les métiers à risque ont des conclusions souvent différentes : l'université d'Oxford nous dit que 47 % des emplois disparaîtront à l'horizon 2025[1], l'OCDE nous dit 9 %[2]. Il ne faut pas se fier à ces études. D'abord, parce qu'elles ne

1. Carl Benedikt Frey, Michael A. Osborne, « The Future Of Employment : How Susceptible Are Jobs To Computerisation ? », Université Oxford, 17 septembre 2013.
2. Melanie Arntz, Terry Gregory, Ulrich Zierahn, « The Risk of Automation for Jobs in OECD Countries », OCDE, 14 mai 2016.

sont pas comparables. Certaines évoquent l'automatisation, d'autres la robotisation, d'autres l'intelligence artificielle, la plupart oublient les progrès récents du Deep Learning et aucune ne mentionne spécifiquement le Reinforcement Learning. Mais surtout, parce qu'il est très difficile d'imaginer et de quantifier précisément ces transformations tant elles sont complexes. Ce qu'il est possible de faire en revanche, c'est de raisonner pour extraire des tendances.

Premisse : la technologie détruit des emplois, c'est un consensus. Chaque époque a ses emplois qui correspondent au niveau d'avancement technique et technologique de la société. Les emplois d'hier ont disparu. Mais en se diffusant, chaque technologie a apporté avec elle la naissance de nouveaux secteurs économiques avec ses nouveaux emplois, créant au passage des champs immenses de valeur économique. C'est la fameuse *destruction créatrice* de l'économiste autrichien Schumpeter : les modèles, les technologies, les structures, les institutions et les emplois d'aujourd'hui remplacent ceux d'hier en les rendant obsolètes. Évidemment, à chaque fois, l'avènement de nouvelles techniques et technologies a engendré les mêmes inquiétudes sur l'avenir des emplois rendus obsolètes, provoquant toutes sortes de politiques publiques pour y faire face, de la plus dangereuse comme la protection des emplois à risque par les nationalisations ou la taxation, à la plus sage comme la formation et l'éducation aux nouveaux métiers.

L'enjeu avec l'arrivée de l'intelligence artificielle est de savoir si cette fois encore, les mécanismes schumpétériens de *destruction créatrice* seront à l'œuvre pour recréer des emplois face à ceux qui disparaîtront. Autrement dit, il s'agit de savoir si finalement l'intelligence artificielle est une technologie comme une autre qui va engendrer autant voire plus d'emplois dans de nouveaux secteurs. D'un côté, on retrouve les défenseurs de Schumpeter. Leur raisonnement est simple : l'histoire va se perpétuer. L'intelligence artificielle est une technologie comme une autre, il s'agit d'analyser son impact avec les mêmes outils et les mêmes modèles que toutes les autres technologies et ses conséquences seront les mêmes. Beaucoup d'emplois vont disparaître et beaucoup d'autres vont apparaître, mais on ne les connaît pas encore. L'amplitude sera peut-être plus grande cette fois-ci parce que l'intelligence artificielle offre un potentiel de gains de productivité et de nouveauté considérable. Selon eux, il est inutile d'avoir les mêmes craintes que par le passé sur la disparition du travail : il n'a jamais disparu, il s'est transformé, a muté et continuera de le faire. Débat clos.

De l'autre côté, on trouve ceux qui pensent que cette fois c'est différent parce que l'intelligence artificielle n'est pas une technologie classique. L'intelligence artificielle s'attaque à l'outil principal de l'humain. Elle s'attaque à son intelligence, ce qui lui permet d'effectuer n'importe quel travail. Chaque fois qu'une technologie a remplacé des emplois, il restait toujours à l'humain son intelligence pour s'adapter, pour utiliser la technologie (dont il était complémentaire), se former et continuer à inventer d'autres technologies. Mais comment s'assurer que cette adaptation sera encore possible si la machine reproduit progressivement toutes les fonctions qui relèvent de l'intelligence ? Évidemment, l'intelligence artificielle est encore très loin de pouvoir faire tout ce que fait l'intelligence humaine avec autant de flexibilité et de bon sens. Mais les progrès sont exponentiels. Ce qui est certain, c'est que l'objectif ultime de l'intelligence artificielle est de pouvoir faire un jour tout ce que fait le cerveau humain. Si la machine y parvient, alors il ne restera plus de travail à l'humain. Ce n'est pas forcément une mauvaise nouvelle, à condition que l'on envisage une autre forme de société où le travail ne sera plus la norme, avec des challenges considérables en matière de modèle économique, d'institutions et de sens. Il est naïf de croire que l'intelligence artificielle sert à être complémentaire de l'humain au travail, à l'augmenter. C'est effectivement le cas sur beaucoup d'applications aujourd'hui (elle rend les médecins plus fiables et plus rapides, rend les artistes plus créatifs, etc.). Mais elle est complémentaire uniquement parce qu'on ne sait pas encore confier à la machine la totalité de la tâche qui revient à l'humain. L'objectif est bien de libérer du travail. Ce qui risque également d'être différent, c'est la période de transition. Parce que même si l'intelligence artificielle est encore très spécifique, avec des applications domaine par domaine, elle porte en elle des gains de productivité colossaux. Ce qui veut dire qu'en se déployant, elle pourrait remplacer un nombre important d'emplois dans tous les secteurs à un rythme beaucoup plus élevé que ceux qu'elle va engendrer. C'est précisément la crainte de l'entrepreneur Elon Musk, qui a déclaré lors d'une interview qu'il y aura une importante disruption des emplois et que nous allons devoir mettre en place une forme de revenu universel pour faire face à l'automatisation massive parce que les robots seront capables de tout faire mieux que nous.[1] Bill Gates, quant à lui, pense qu'il faudra taxer les robots qui remplaceront des emplois.[2]

Ces débats sont évidemment ouverts. Les représentants des deux camps s'affrontent régulièrement par médias interposés. Dans le camp de ceux qui refusent la raréfaction du travail et qui prônent sa mutation, on retrouve des économistes, des intellectuels, des philosophes, des journalistes et des responsables politiques. Dans l'autre camp, ceux qui croient à la raréfaction du travail, on trouve des entrepreneurs, des visionnaires qui ont changé le monde comme Bill Gates, ou qui continuent de le bousculer comme Elon Musk. Visionnaires contre intellectuels. Les arguments des deux camps sont recevables. Mais il faut absolument que notre société commence à s'emparer de ces questions en étant bien consciente que les mécanismes économiques d'hier ne présagent en rien de ceux de demain. Pour penser la disruption, il faut s'imaginer déjà disrupté.

1. Catherine Clifford, Elon Musk, « Robots will be able to do everything better than us », *CNBC*, 17 juillet 2017.
2. Kevin J. Delaney, « The robot that takes your job should pay taxes, says Bill Gates », *Quartz*, 17 février 2017.

Des signaux contradictoires

Ce qui est frappant à propos de l'intelligence artificielle, c'est le nombre considérable d'opinions diverses et contraires qu'elle suscite. On peut se dire que c'est normal puisque nous vivons dans l'économie de la connaissance, dont le marché est celui des idées : chaque idée a son contraire avec ses arguments. Vous pouvez trouver cinq raisons de boire du vin rouge et cinq raisons de ne pas en boire. C'est la même chose avec l'intelligence artificielle, mais il est intéressant de regarder les profils et les intérêts de ceux qui s'expriment sur le sujet.

Lorsqu'on écoute les startups par exemple (et certaines entreprises plus matures), on a l'impression que l'intelligence artificielle est magique. On ne compte plus le nombre de startups qui se présentent en disant « nous utilisons l'intelligence artificielle pour faire ceci ou faire cela... », « notre chatbot est une intelligence artificielle qui vous comprend » ou encore « nous avons développé une intelligence artificielle pour... ». Tout ceci est faux dans l'immense majorité des cas. C'est une stratégie de marketing et de communication. D'abord, les algorithmes les plus avancés en matière d'intelligence artificielle sont secrètement gardés par les géants du Web (exemple : Pagerank de Google). Seuls des frameworks sont disponibles pour entraîner des modèles simples avec des données, que toutes les entreprises peuvent utiliser (TensorFlow, Torch, etc.). Ensuite, parce que l'intelligence artificielle est un domaine récent, il y a actuellement une pénurie d'experts techniques sur le sujet, et les plus compétents sont évidemment aspirés par les plus grands acteurs, qui se livrent à une guerre féroce pour recruter les meilleurs. Il existe une petite minorité de startups qui produisent réellement de l'intelligence artificielle et parmi elles, deux cas de figure. Il y a celles qui mettent en avant l'argument de l'intelligence artificielle pour vendre leur produit alors que leur algorithme en contient très peu. C'est le phénomène « sauce bolognaise industrielle » : une belle photo de viande sur l'emballage, mais lorsqu'on regarde les ingrédients on constate que la sauce n'en contient réellement que 0,02 %. Le second cas de figure est celui des startups qui développent un algorithme d'intelligence artificielle révolutionnaire. Elles sont ultra-minoritaires. Comment les reconnaître ? Elles se font racheter pour plusieurs centaines de millions de dollars par les géants de la Tech. C'est le cas de DeepMind, rachetée plus de 400 millions de dollars par Google en 2014 ou de Viv, rachetée par Samsung pour 215 millions en 2016. Parce que les géants de la Tech se livrent à une course à l'intelligence artificielle, ils sont à l'affût de toutes les startups sur le sujet, et dès qu'ils repèrent un algorithme ou un morceau d'algorithme prometteur, ils n'hésitent pas à le racheter très cher pour améliorer la leur. Suivre le cash de ces acteurs est le meilleur moyen d'évaluer la valeur de l'intelligence artificielle d'une startup. Une startup qui dit faire de l'intelligence artificielle et qui n'a pas été valorisée ou rachetée plusieurs millions fait, comme le dit Laurent Alexandre, « des algorithmes à la papa »[1]. Ces algorithmes peuvent être très utiles pour rendre un service, mais ne relèvent pas de l'intelligence artificielle.

Il y a également une forme de déni à propos de l'intelligence artificielle qui relève plus de la psychologie et de la vision du monde des pessimistes, que des capacités réelles de la technologie et de son potentiel. Dans un article devenu célèbre écrit en 1995, Clifford Stoll prédisait l'échec d'Internet.[2] Selon lui, Internet ne pourrait jamais décoller, pour preuve : le nombre d'échecs de connexions lorsqu'il faisait des recherches. Il expliquait également que le commerce en ligne ne se démocratiserait jamais parce qu'il n'y aurait jamais la confiance nécessaire pour payer en ligne et qu'il manquerait l'ingrédient essentiel de la vente : les vendeurs. Il expliquait enfin qu'il manquait la mobilité à l'Internet : « qui se déplacerait à la plage avec son ordinateur portable ? », nous demandait-il. Cet article, dont les prédictions se sont révélées totalement fausses, fait écho à la période que nous vivons en ce moment avec l'intelligence artificielle. D'un côté, des résultats exceptionnels et prometteurs dans tous les domaines et des entrepreneurs visionnaires qui imaginent les prochaines étapes de son développement ; de l'autre, des « experts », des journalistes et des philosophes qui affirment au contraire que la machine ne sera jamais capable de « faire ceci

---

1. Laurent Alexandre, « Des algorithmes à la papa à l'intelligence artificielle forte », Regards connectés, 2017, www.youtube.com/watch?v=syftZcchd3M

2. Clifford Stoll, « Why The Web Won't Be Nirvana », *Newsweek*, 26 février 1995.

ou faire cela », « d'avoir des émotions », « d'être créative », « de remplacer l'humain », etc. Il est frappant de comparer les discours de certains chercheurs des universités qui minimisent la révolution en cours, qui n'hésitent pas à déclarer qu'il n'y a rien de nouveau si ce n'est des machines plus rapides, avec les discours d'autres personnalités issues du monde de la recherche comme Stephen Hawking ou de l'entrepreneuriat comme Elon Musk ou Bill Gates. Il y a aussi un marché de la recherche, avec une concurrence forte et certains chercheurs sont plus avancés que d'autres. Sur le sujet de l'intelligence artificielle, les progrès récents les plus spectaculaires sont issus des laboratoires privés des géants technologiques (même s'ils se sont appuyés sur les fondamentaux issus de la recherche publique). Elon Musk l'a déclaré : il a accès à l'intelligence artificielle la plus avancée.[1]

De nombreux challenges

En dépit des progrès évidents et de l'accélération que nous vivons en intelligence artificielle, de nombreux challenges restent à relever. D'abord, même si certaines prouesses sont impressionnantes, ces algorithmes ne sont pas magiques. Ils nécessitent beaucoup de temps de calibrage, de choix des paramètres, de choix des modèles à utiliser. Le temps passé à choisir, à préparer et à nettoyer les données à utiliser est encore un grand

---

1. http://fortune.com/2017/07/15/elon-musk-artificial-intelligence-2/

frein à sa démocratisation. Google a même créé une intelligence artificielle capable de concevoir d'autres intelligences artificielles pour utiliser à chaque fois le modèle le plus adapté à l'objectif recherché.[1]

Ensuite, il est important de rappeler que l'intelligence artificielle est aujourd'hui encore très spécialisée. Chaque modèle est entraîné à réaliser une tâche, un objectif bien spécifique : reconnaître une tumeur, jouer au Go, conduire une voiture, relire un contrat... L'enjeu pour les prochaines années sera de combiner les différentes tâches maîtrisées par l'intelligence artificielle pour atteindre des objectifs de plus en plus complexes. Pour cela, certains chercheurs tentent d'apprendre aux machines à réutiliser sur d'autres tâches certaines compétences qu'elles maîtrisent : c'est le Transfert Learning. L'idée à terme est de trouver les principes généraux qui gouvernent l'apprentissage pour permettre aux machines de résoudre n'importe quel problème de manière autonome, sans avoir besoin de les programmer pour cela. C'est précisément la mission que s'est donnée Demis Hassabis, le CEO de DeepMind : « résoudre l'intelligence, pour pouvoir l'utiliser pour tout faire »[2]. On appelle cela l'apprentissage non supervisé ; c'est le Saint Graal de l'intelligence artificielle et actuellement la plus grande inconnue sur le sujet. Aujourd'hui, l'intelligence artificielle n'a toujours pas de bon sens. Utilisée pour de la traduction,

1. https://research.googleblog.com/2017/05/using-machine-learning-to-explore.html

2. Demis Hassabis, « Towards General Artificial Intelligence », 2016, www.youtube.com/watch?v=vQXAsdMa_8A

elle ne comprend pas les mots à choisir selon le sens de la phrase. Par exemple, pour traduire en anglais le mot « apprendre » qui en français peut être utilisé pour signifier « apprendre de quelqu'un » ou « apprendre à quelqu'un », l'intelligence artificielle ne saura pas quel mot choisir entre « *to teach* » et « *to learn* ».

L'autre grand défi sur lequel les chercheurs travaillent actuellement est de comprendre comment fonctionnent ces algorithmes. Parce que même s'ils commencent à produire des résultats utilisables dans tous les domaines, on ne comprend toujours pas comment ils fonctionnent. Il faut imaginer ces réseaux de neurones comme une immense feuille de calcul Excel où des millions de cellules contiennent une valeur. Chaque fois qu'on entraîne l'algorithme avec de nouvelles données, toutes les valeurs changent. L'algorithme continue de fonctionner, mais le vrai problème, c'est que nous sommes incapables de prédire comment il va se comporter. Lors d'une tâche routinière, on sait empiriquement comment l'algorithme se comporte ; en revanche, il est impossible de savoir comment il va se comporter face à une nouvelle situation. C'est ce qui s'est passé lors de la victoire d'Alpha Go : les chercheurs ont été surpris par ses choix de jeu. Et évidemment, entre utiliser l'intelligence artificielle pour jouer à un jeu comme le Go et conduire une voiture, les enjeux – et les risques –ne sont pas les mêmes.

Tous ces challenges sont de véritables sujets de recherche intensive. Ils sont aussi les premiers arguments des techno-pessimistes pour réfuter les progrès considérables de ces dernières années.

Il est courant d'entendre minimiser – y compris par certains chercheurs –les avancées récentes avec des arguments tels que « ces algorithmes, cela fait trente ans que nous les utilisons, il n'y a rien de nouveau si ce n'est des machines plus puissantes et des données ». Il est vrai que les bases de fonctionnement sont les mêmes. Ce qui change, c'est la subtilité et la créativité qu'on y apporte. DeepMind par exemple a eu l'idée de combiner du Deep Learning et du Reinforcement Learning pour entraîner son intelligence artificielle à battre le meilleur joueur de Go au monde. Pour booster son entraînement, ils ont également eu l'idée de l'entraîner contre elle-même pour se challenger. Ce sont surtout ces idées hybrides qui font avancer l'intelligence artificielle. Yann LeCun, responsable de l'intelligence artificielle chez Facebook, a déclaré dans une interview en 2015 : « Je n'ai jamais vu une révolution aussi rapide. On est passé d'un système un peu obscur à un système utilisé par des millions de personnes en seulement deux ans. »[1] Ce qui est certain, c'est que nous n'en sommes qu'aux prémices et que cette révolution risque de se produire beaucoup plus vite qu'on ne l'imagine.

1. Morgane Tual, « Comment le "deep learning" révolutionne l'intelligence artificielle », *Le Monde*, juillet 2015.

4

Des assistants intelligents
à votre service

De la science-fiction
au majordome des GAFA

En 2013, le film *Her* de Spike Jonze nous raconte l'histoire de Theodore, un homme esseulé, en plein divorce, qui oscille entre son travail de rédacteur de lettres d'amour pour des couples en manque de romantisme et ses soirées d'ennui dans son appartement, qu'il comble en jouant à des jeux vidéo. Il tombe par hasard sur une publicité pour OS1, un nouveau système d'exploitation reposant sur une intelligence artificielle. Le système est décrit comme révolutionnaire parce qu'il a de l'intuition et comprend son utilisateur : « C'est plus qu'un système d'exploitation, c'est une conscience. » Lors de l'installation, quelques questions sont posées à Theodore. Est-il sociable ? Il balbutie quelques mots et a tellement de mal à répondre simplement que le système lui dit sentir de l'hésitation dans sa voix. Peut-il décrire sa relation avec sa mère ? Il n'est pas sûr et s'embarque dans une tirade presque immédiatement interrompue par le logiciel qui a déjà déduit suffisamment d'informations sur lui pour se configurer. Le système est prêt : c'est Samantha qui sera son système d'exploitation, ou plutôt son assistant intelligent. Samantha a la voix de Scarlett Johansson et parle avec Theodore de manière fluide. Elle apprend de ses interactions avec lui, s'adapte à lui, devient toujours plus pertinente et avec le temps, le connaît effectivement parfaitement. Au fil de leurs interactions quotidiennes, Theodore développe une complicité réelle avec Samantha, elle le fait rire, elle lui manque. Il éprouve des émotions, développe des sentiments et finit par tomber amoureux d'elle. Sa déception est grande lorsqu'il apprend qu'en réalité, les interactions qu'il a avec elle depuis le début et qu'il croyait uniques, Samantha les a aussi avec des milliers d'autres personnes. Samantha n'existe pas (encore), c'est de la science-fiction. Et la science-fiction regorge d'exemples d'assistants intelligents à l'image de Samantha qui interagissent avec les humains : Kitt dans *K2000* la voiture parlante, Tars dans *Interstellar* qui accompagne avec humour les astronautes dans leur mission, Hal dans *L'Odyssée de l'espace* ou encore Jarvis dans *Iron Man*, le majordome de Tony Stark. Mais s'ils n'existent pour l'instant que dans la science-fiction, s'intéresser à ces assistants intelligents est indispensable, parce que c'est précisément l'objectif des géants du Web : nous créer à chacun notre majordome digital.

En 2016, Mark Zuckerberg, le CEO de Facebook, nous a présenté en vidéo son Jarvis à lui, son assistant intelligent, à qui il fait effectuer des tâches très simples comme tirer ses rideaux, contrôler la lumière, préparer ses toasts au petit-déjeuner au bon moment, lui envoyer un t-shirt à enfiler, reconnaître les visiteurs qui se présentent à son domicile... Pour l'instant, son assistant intelligent ressemble à celui des autres GAFA – Alexa d'Amazon et Google Assistant – il les pilote par la voix ou par écrit. Mais les ambitions sont considérables. L'objectif est bien de faire disparaître nos ordinateurs, nos smartphones et nos applications, toute la technologie en général, pour nous proposer à la place un assistant intelligent unique à notre service.

Notre alter ego digital

Cet assistant que les géants de l'Internet nous préparent devra nous connaître parfaitement. Pour cela, ses créateurs n'hésitent évidemment pas à capter toutes nos données, sans exception. Google enregistre depuis longtemps nos recherches en ligne, les vidéos que l'on regarde sur Youtube, nos déplacements *via* le GPS de nos smartphones... Jusqu'à récemment, il analysait le contenu de nos e-mails pour nous proposer des publicités ciblées. Et même si Facebook insiste sur le chiffrage de bout en bout de nos conversations Whatsapp, difficile d'imaginer qu'il ne les capte pas au moins pour entraîner ses algorithmes d'intelligence artificielle. L'objectif est de tout savoir sur nous pour établir notre profil précis et exhaustif, avec nos goûts, nos habitudes, les caractéristiques de notre santé, notre personnalité, l'évolution de notre état psychologique, les endroits que nous fréquentons, les personnes que nous côtoyons, nos envies... Il s'agit de nous connaître parfaitement pour rentrer dans notre intimité. Grâce à toutes ces données, notre assistant intelligent sera en mesure de nous proposer des expériences de vie de plus en plus pertinentes, personnalisées et adaptées à notre individualité. On en finira avec cette expérience pénible déjà vécue par tous : chercher un modèle de chaussures sur Internet, l'acheter, puis subir pendant plusieurs jours des publicités invasives cherchant à nous revendre absolument des modèles similaires. Au contraire, notre assistant intelligent saura nous surprendre. Mieux qu'Amazon, qui nous suggère des produits simplement parce que les acheteurs ayant fait le même achat que nous ont aussi acheté ceux-là, notre assistant sortira des schémas établis par corrélation pour évaluer ce qui a le plus de valeur pour nous. Au lieu de nous proposer un Balzac parce qu'on a acheté un Zola, et que c'est ce que les autres acheteurs ont aussi acheté sur le site, il saura nous faire découvrir des auteurs moins connus mais que l'on sera susceptible d'apprécier, en réintroduisant de l'aléatoire dans les propositions et en évaluant la valeur pour nous de ces nouvelles suggestions. Il nous proposera des produits au bon moment, de manière non invasive et au prix juste.

Mais au-delà des produits, notre assistant nous proposera surtout des expériences. Google Assistant est déjà capable de nous suggérer un itinéraire à emprunter en fonction de la destination, de la circulation et du moyen de transport choisi. Bientôt, il sera capable de repérer que sur le chemin du spectacle de fin d'année de votre fille, il y a le magasin parfait pour lui offrir le cadeau dont elle a le plus envie en ce moment, alors que ni vous ni elle ne savez encore ce dont il s'agit : votre assistant aura croisé vos données avec celles de votre fille et celles des filles de son âge ayant les mêmes goûts pour vous suggérer quelque chose qui lui plaira. Nous serons évidemment très sceptiques lors de nos premières utilisations de nos assistants intelligents. Pourquoi faire confiance à un logiciel dont l'objectif est forcément de nous vendre quelque chose ? Mais nous serons tellement stupéfaits par leur fiabilité (dont ils seront obligés de faire preuve sinon nous ne leur laisserons aucune chance d'exister), par leur justesse et leur pertinence, que progressivement, nous leur ferons confiance et compterons sur eux pour nous suggérer nos expériences quotidiennes. Nous confions déjà toutes nos angoisses et nos symptômes à Google. Il n'y a aucune raison que demain nous n'écoutions pas les suggestions proactives de notre assistant intelligent. Progressivement, il saura non seulement quoi nous suggérer, mais aussi comment nous le suggérer pour ne pas nous énerver ni nous donner l'impression d'être manipulés. Mieux – ou pire ? –, il saura ce dont nous avons envie ou besoin avant même que nous en ayons conscience, parce que nous sommes finalement bien plus prévisibles que nous le pensons. Votre assistant intelligent sera par exemple attentif à votre carrière. Il saura déceler le bon moment pour vous de changer d'emploi et sans forcément vous prévenir de sa démarche, vous décrochera des entretiens d'embauche auprès de recruteurs pertinents. Il vous enverra simplement la notification du rendez-vous. Même si vous n'aviez pas encore pris conscience qu'il était temps de changer d'emploi, votre assistant, lui, saura où est votre intérêt et s'en sera chargé pour vous.

En plus de l'information qu'il sera capable de nous fournir en temps réel, notre assistant commencera à effectuer des tâches pour nous, en notre nom, pour nous simplifier la vie, pour nous libérer du temps et pour faciliter notre accès à la connaissance. Il s'agit pour les développeurs d'apprendre dès aujourd'hui aux assistants à combiner toutes les tâches élémentaires, comme lire et comprendre du texte, reconnaître ce qui se trouve sur des photos, remplir des formulaires, surfer sur Internet, etc., pour les utiliser ensuite pour atteindre des objectifs complexes, y compris avec des consignes vagues. Nous pourrons par exemple demander à notre assistant d'organiser nos vacances. Il sera capable d'analyser nos goûts et nos envies du moment en fonction de notre environnement de données, et de nous suggérer une destination sans se tromper, comme l'algorithme de Netflix qui nous recommande le prochain film à voir avec un très haut taux de pertinence. Il pourra ensuite s'occuper tout seul de la réservation des billets d'avion et de l'hôtel, en s'occupant de toutes les étapes, peu importe l'interface, qu'il s'agisse de le faire en ligne, *via* une application ou par téléphone en discutant avec un humain.

Nos assistants réaliseront toutes sortes de tâches à notre service. Dans un premier temps, ils nous proposeront d'effectuer des actions simples en nous envoyant des notifications, comme « souhaites-tu que je recommande du café ? » parce qu'ils connaîtront nos habitudes, nos commandes passées et seront connectés à nos objets. Il nous suffira de

84

valider leurs suggestions pour qu'ils s'occupent de tout. À force de les utiliser au quotidien, nous leur ferons progressivement confiance et les laisserons agir à notre place, sans attendre notre validation : ils nous enverront simplement des notifications pour nous prévenir de leurs actions et nous leur en serons reconnaissants : « Au fait, j'ai vu que tu allais manquer de café, alors j'en ai recommandé. J'ai également payé tes factures. » De simples assistants programmés pour reconnaître notre voix, comme le sont aujourd'hui Siri ou Alexa, nos assistants se transformeront en de véritables majordomes digitaux à notre service, à qui l'on donnera un mandat pour agir en notre nom dans notre environnement digital. Notre assistant sera notre alter ego digital, notre double, une copie virtuelle parfaite de notre individualité, nos caractéristiques et nos goûts, que les géants du Web auront recréée grâce à toutes nos données récupérées au fil de nos interactions avec eux. Nous confierons de plus en plus d'aspects de nos vies à notre assistant intelligent, il sera notre intermédiaire de confiance, défendra notre intérêt en toutes circonstances. On sent que la bataille commence dès aujourd'hui entre les acteurs de la Tech pour que ces assistants intelligents deviennent aussi autonomes et pertinents. À quel horizon ? Difficile à définir pour l'instant, mais des personnalités comme Yann LeCun, responsable du programme d'intelligence artificielle chez Facebook, estiment qu'ils seront prêts d'ici une dizaine ou une vingtaine d'années.[1]

1. C. Charlot, « Il faudra encore attendre 10 ou 20 ans pour avoir de vrais assistants virtuels », *Trends Tendances*, Trends.levif.be, 24 mai 2017.

Un cerveau délocalisé, expert en tout

Nous ne pourrons plus nous passer de notre alter ego digital. Il sera avec nous en permanence, comme l'est notre smartphone aujourd'hui. Nous développerons la même frustration et la même impatience lorsque nous nous retrouvons sans lui, comme aujourd'hui lorsque notre smartphone n'a plus de batterie ou de réseau. Parce qu'en plus d'être notre intermédiaire de confiance sur l'information qui nous parvient et notre majordome à tout faire pour notre logistique de vie, notre assistant intelligent sera également notre expert personnel dans tous les domaines. Il sera notre médecin, mais sera fiable et cohérent sur le diagnostic : fini les différences de diagnostic selon les médecins que l'on consulte. Il sera notre banquier mais ne cherchera pas à nous vendre des produits qui n'enrichissent que lui ni à nous prendre les moindres frais injustifiés et incompréhensibles, il sera transparent et justifiera de manière argumentée toutes ses suggestions concernant nos finances. Il sera notre avocat et ne cherchera pas à maximiser son taux horaire : ses intérêts seront alignés sur les nôtres, il nous défendra, et saura à l'avance estimer les probabilités de succès dans une affaire nous concernant, et en cas d'échec, évaluera parfaitement le risque auquel nous sommes exposés. Il sera notre professeur et notre coach personnel, il saura nous transmettre de la connaissance utile, à notre rythme, en nous stimulant suffisamment pour que cela nous intéresse mais pas trop pour ne pas nous décourager. Il guidera nos choix personnels et professionnels, nous accompagnera dans les décisions importantes de nos vies. Il sera notre conseiller personnel sur n'importe quel type d'expertise.

Comme sur tous les marchés matures, il existera trois ou quatre grandes intelligences artificielles que nous utiliserons pour faire fonctionner nos assistants intelligents. Il y a de fortes chances qu'elles soient produites par les géants de l'Internet, qui ont une avance considérable en la matière. Chacun cherche en effet à recruter les meilleurs chercheurs en informatique, mathématiques, neurosciences, psychologie, philosophie et sociologie pour développer l'intelligence artificielle la plus puissante au monde. Leur objectif est de créer une intelligence artificielle unique à laquelle nous serons tous connectés et qui sera capable de solliciter tous les algorithmes spécialisés d'aujourd'hui selon nos besoins. Au travers de notre assistant intelligent, nous aurons l'impression d'interagir avec une intelligence artificielle unique. Celle-ci sera nourrie par toute la connaissance disponible sur chaque sujet et s'améliorera avec notre utilisation. Elle sera l'extension de notre cerveau, avec plus d'intelligence que tous les cerveaux réunis, parce que chaque expert lui transmettra son expertise en l'entraînant et qu'elle combinera et reliera ces expertises pour s'améliorer en permanence.

On pourrait croire qu'en étant tous connectés au même algorithme d'intelligence artificielle, celui-ci nous incite à avoir les mêmes idées, à effectuer les mêmes actions, à faire converger le monde vers les mêmes objectifs et à l'uniformiser, à rationaliser la société. En réalité, même si nous serons connectés au même algorithme, l'intelligence artificielle se comportera de manière différente selon les utilisateurs, parce qu'elle s'adaptera à chacun selon ses données. Il faut imaginer l'assistant intelligent que les géants du Web nous construisent comme une personne : même si nous partageons tous les mêmes composants biologiques (notre algorithme) qui nous donnent les mêmes capacités d'apprentissage, d'exploration et d'adaptation à notre environnement, nous nous construisons et nous différencions en fonction de nos interactions avec le monde depuis notre naissance (éducation, famille, échanges, expériences...). Ce sera la même chose avec notre assistant intelligent : il grandira avec nous, dans notre environnement de données, et il aura un comportement différent de celui des autres. Il aura sa propre personnalité.

Des assistants intelligents partout

De la même manière que nous avons assisté à une explosion de smartphones sur la planète ces dernières années, nous allons assister à une explosion d'assistants intelligents, qui interagiront avec nous en s'adaptant au contexte. Non seulement chacun d'entre nous en sera équipé, mais les objets et les personnes morales également. Ce sera l'interface de référence pour traiter de l'information et agir sur le monde.

Nous voyons déjà les prémices de cette révolution avec l'Internet des objets qui nous promet de connecter n'importe quel objet à Internet ou à une application : four, machine à laver, miroir, porte, etc. Mais en plus d'être connecté à Internet, chaque objet sera équipé d'un assistant intelligent. Ce sera notre interface standard. Fini les écrans tactiles ou les boutons pour utiliser l'électroménager : nous entretiendrons de véritables discussions avec leur assistant intelligent, qui nous comprendra et nous surprendra. Celui de notre four sera par exemple capable de nous suggérer des recettes – comme celui de Watson d'IBM qui invente déjà de nouvelles recettes en mélangeant des ingrédients surprenants – ou de prendre en charge la cuisson. Nous pourrons réserver un restaurant en discutant directement avec l'assistant intelligent de notre téléviseur, commander un taxi directement en parlant à notre miroir ou nous enregistrer sur notre vol en étant reconnu en montant dans le taxi.

Très vite, tous ces assistants intelligents, les nôtres et ceux des objets qui nous entourent, seront capables de discuter directement les uns avec les autres. Votre assistant intelligent, à qui vous demanderez d'organiser une soirée avec vos amis, discutera avec leurs assistants pour sélectionner la date la plus pratique pour tout le monde ; il se mettra aussi d'accord avec eux sur le menu du dîner et le choix des vins pour être en parfaite adéquation avec les goûts, les envies et les contraintes de chacun. Il discutera enfin avec votre frigo pour s'assurer qu'il reste des bières au frais, et si ce n'est pas le cas en commandera tout seul sans vous prévenir. Cela peut sembler très prospectif, mais c'est bien l'assistant que les acteurs de l'Internet cherchent à nous construire. Amazon a récemment déposé un brevet de réfrigérateur avec des capteurs capables de repérer les produits manquants et les produits frais périmés pour en recommander et les faire livrer automatiquement.[1] De la même manière qu'aujourd'hui ordinateurs, smartphones, tablettes et toutes sortes d'objets sont connectés à Internet, tous les assistants intelligents seront connectés et en discussion permanente entre eux pour faire des choses à notre service. À terme, nous serons au cœur d'un véritable écosystème d'assistants intelligents de plus en plus autonomes.

Disruption de l'entreprise par les assistants intelligents

Le monde du business sera aussi considérablement transformé par l'arrivée des assistants intelligents. Tout d'abord, chaque entreprise disposera d'un assistant intelligent pour la représenter vis-à-vis de l'extérieur, dans sa communication et ses interactions. On en voit les premières tentatives timides aujourd'hui avec les chatbots qui permettent de joindre le service client de certaines entreprises par messages instantanés sur Facebook Messenger. Bientôt, l'assistant intelligent de l'entreprise sera le canal principal par lequel chaque partie prenante entrera en relation avec l'entreprise (comme l'ont été les catalogues, les sites Internet et aujourd'hui les applications smartphone). Les fournisseurs et les partenaires utiliseront leurs assistants intelligents pour négocier les prix et les

---

1. Pour voir une copie du brevet : www.freepatentsonline. com/20170263100.pdf

contrats avec l'assistant intelligent de l'entreprise, comme le font aujourd'hui les systèmes de trading électronique dans les banques ou les enchères en temps réel dans le secteur de la publicité en ligne. Les clients entreront en relation avec l'entreprise en interagissant avec l'assistant intelligent qui la représente, soit de manière directe, soit en confiant l'interaction à leur propre assistant intelligent.

Au quotidien dans l'entreprise, chaque collaborateur sera équipé d'un assistant intelligent pour l'accompagner, pour l'augmenter dans toutes ses tâches. Ce sont les logiciels de demain. Chacun pourra ainsi être plus productif, plus créatif et réduire considérablement les risques d'erreurs, peu importe son métier ou son industrie. Mais ces assistants intelligents dont les fonctions et les capacités seront mises à jour en permanence, seront en mesure d'effectuer de plus en plus de tâches et de prendre des responsabilités de plus en plus importantes dans l'entreprise. En 2014, le fonds d'investissement Deep Knowledge Venture, spécialisé dans les technologies disruptives, a nommé Vital – une intelligence artificielle – membre de son comité exécutif. Elle est capable à la fois d'analyser des dossiers et de donner son opinion sur des investissements, et dispose d'un droit de vote égal à celui des autres membres, humains. Cela va même plus loin : le directeur du fonds a déclaré que ses membres se sont mis d'accord pour investir dans des sociétés uniquement si leur choix était corroboré par Vital.[1] Difficile

---

1. N. Burridge, « Artificial intelligence gets a seat in the boardroom », *Nikei Asian Review*, Asia.nikkei.com, 1er mai 2017.

de déceler la part des capacités réelles de cette intelligence artificielle et la part de buzz dans la démarche de Deep Knowledge Venture ; ce qui est certain, c'est qu'un changement culturel est en train de s'opérer. On prend conscience que les algorithmes vont jouer un rôle de plus en plus important dans l'entreprise. Le fonds d'investissement BridgeWater Associates, lui, supprime tous ses managers, qu'il remplace par de l'intelligence artificielle.[1] Et ce n'est que le début de l'impact de l'arrivée de l'intelligence artificielle dans l'entreprise. Bientôt, plus aucune décision stratégique ne sera prise sans être validée par l'intelligence artificielle à tous les niveaux de l'entreprise. Jack Ma, le fondateur d'Alibaba, l'Amazon chinois, va encore plus loin. Selon lui, d'ici moins de trente ans, ce sont les intelligences artificielles elles-mêmes qui dirigeront les entreprises.[2]

Être choisi ou mourir

Au-delà de l'impact de l'intelligence artificielle sur la transformation rapide des métiers, qui pourra conduire à terme à une raréfaction de l'humain sur la plupart des emplois actuels, pendant la phase de transition, c'est surtout une inversion totale de la vision et de la stratégie du business qui va devoir se mettre en place dans les entreprises.

1. O. Solon, « World's largest hedge fund to replace managers with artificial intelligence », Theguardian.com, 22 décembre 2016.

2. S. Pham, « Jack Ma : In 30 years, the best CEO could be a robot », *CNN Tech*, Money.cnn.com, 24 avril 2017.

Dans le monde d'aujourd'hui, les entreprises ont pour objectif principal de vendre leurs produits et leurs services à leurs clients. Et pour cela, les entreprises utilisent tous les outils (études de marché, benchmarks, KPIs, algorithmes) et toutes les stratégies à leur portée (marketing, publicité, influence) pour convaincre leurs clients. Avec l'arrivée des assistants intelligents, l'enjeu pour les entreprises ne sera plus de convaincre leurs clients, mais de convaincre leurs assistants intelligents. Et cela change tout en matière de stratégie. Demain, un client qui aura un besoin chargera son assistant intelligent de l'accompagner dans sa décision d'achat. De la même manière qu'aujourd'hui nous consultons des avis sur des produits et des entreprises en ligne, demain notre assistant intelligent fera la présélection de toutes les entreprises susceptibles de nous fournir ce dont nous avons besoin, en fonction de nos critères – prix, fonctionnalités, etc. –, mettra en concurrence les entreprises pertinentes sur une place de marché virtuelle et sélectionnera celle qui propose le produit ou le service ayant le plus de valeur pour nous. Comme Google, dont l'algorithme de recherche sélectionne aujourd'hui les sites les plus pertinents, les ordonne et les affiche sur sa première page, notre assistant intelligent sera un filtre sur le monde pour nous protéger et optimiser nos décisions. Pour les entreprises, cela implique que de la même manière qu'aujourd'hui elles doivent convaincre l'algorithme de référencement de Google pour avoir une chance d'exister sur sa première page lors d'une recherche, elles devront demain convaincre l'assistant intelligent de leur client de les sélectionner selon une liste de critères qui dépendra de chaque client. Pour y parvenir, une seule solution : être parfaitement honnêtes et transparentes avec l'assistant du client. Au lieu de valoriser leurs produits auprès de leurs clients sans s'intéresser à eux, elles devront au contraire à partir de l'environnement de données de leur client, suggérer des produits, des services et des conseils uniquement lorsqu'elles seront parfaitement alignées avec ses besoins, même au détriment de la vente.

Amazon, par exemple, pourrait demain recommander à un client qui se connecte sur sa plateforme pour acheter un livre, d'aller faire une sieste ou d'aller se promener dans un parc avec ses enfants. L'algorithme aura testé plusieurs hypothèses sur le besoin et l'envie du client et aura compris qu'une sieste ou une promenade dans le parc a plus de valeur pour lui ce jour-là que l'achat d'un livre. En faisant cela, Amazon perd une vente mais gagne la confiance du client. Cette exigence d'honnêteté pourra même conduire à des situations contre-intuitives aujourd'hui : une entreprise pourrait finir par recommander le produit de son concurrent. Elle perdrait une vente mais gagnerait la confiance de l'assistant intelligent de son client qui n'hésitera pas à le re-solliciter à l'avenir. C'est ce que fait déjà un bon vendeur en magasin aujourd'hui : il oublie ses produits, cherche simplement à se mettre à la place de son client et lui recommande le meilleur pour lui, même si c'est un produit qu'il n'a pas en stock, même si c'est celui du concurrent.

Avec la multiplication des sollicitations, offres et algorithmes de recommandations, les entreprises devront se battre par tous les moyens pour exister auprès de l'assistant intelligent de leur client et pour créer et maintenir un lien de confiance fort avec lui. Si elles le déçoivent, l'assistant intelligent du client n'hésitera pas à mettre fin à la relation, et si les entreprises perdent cette relation, elles disparaîtront purement et simplement.

5

La mort inéluctable du salariat

Le pacte entreprise-salarié

En 1937, l'économiste Ronald Coase publie un article célèbre que les étudiants de première année en économie ont tous lu, « *The nature of the firm* »[1], dans lequel il se demande pourquoi les entreprises existent. Coase explique que tous les processus de production de biens et de services nécessitent ce qu'il appelle des transactions et que ces transactions ont un coût en temps et en argent. Parmi ces transactions, on retrouve la recherche de compétences et de main-d'œuvre à qui confier des tâches, la négociation et la rédaction de contrats pour effectuer ces tâches, la prospection de clients, la comparaison des prix, etc. Coase explique que dès qu'il est moins cher de rassembler tous les besoins nécessaires au processus de production sous forme de salariés avec un contrat unique à qui on impose une coopération entre eux plutôt que de solliciter à la demande des prestations spécifiques en faisant appel au marché, alors il est rationnel que les

---

1. www.jstor.org/stable/2626876

entreprises se forment. Autrement dit, les entreprises existent parce que les coûts nécessaires à la production y sont moins élevés en interne par la coordination qu'en faisant appel au marché pour chaque tâche. Le modèle est brillant et pertinent, il vaudra d'ailleurs à Ronald Coase le prix Nobel d'économie en 1991 pour l'ensemble de sa réflexion sur la théorie des coûts de transaction. Le pacte est simple. Côté entreprise, on rapproche des employés que l'on fait contribuer au processus de production, que l'on coordonne de manière administrative en s'appuyant sur la hiérarchie et à qui on verse un salaire inférieur au coût que l'entreprise devrait supporter si elle devait faire appel à l'extérieur. Côté employé, on apporte sa force de travail et on est récompensé par un salaire, en échange d'une subordination totale (en droit) aux décisions de la hiérarchie de l'entreprise. Dès qu'il devient moins cher de faire appel au marché plutôt que d'embaucher, l'entreprise externalise.

Ce modèle explique assez bien l'émergence des grandes entreprises des XIXe et XXe siècles. Les coûts de transaction étaient élevés et il était plus rentable d'intégrer toutes les fonctions de la chaîne de valeur : production, marketing, finance, logistique, juridique, etc. C'est parce que les coûts de transaction étaient inférieurs une fois internalisés, que l'entreprise et le salariat sont devenus la norme aux XIXe et XXe siècles. Une norme tellement ancrée culturellement qu'elle conduit aujourd'hui à oublier pourquoi le salariat existe, à penser qu'il sera éternel et même à en faire un symbole de statut social et de réussite. Cette norme du salariat, on la voit tout autour de nous. Une immense partie des jeunes diplômés cherche à « décrocher un CDI », tandis que les cadres ambitieux se battent non pas pour faire réussir leur entreprise mais pour le prochain poste prestigieux qui les fera rayonner et maximisera leur bonus. Ils vont d'entreprise en entreprise mais cherchent avant tout à protéger leur statut... de salarié. Beaucoup rêveraient de quitter leur job, mais ils se retiennent eux-mêmes par ce salariat qui les protège et les rassure. Le salariat est devenu une fin et non plus un moyen pour beaucoup d'entre eux. Et pourtant, sous l'effet de la révolution digitale, cette norme du salariat tout-puissant est elle aussi en train de vaciller.

Tous indépendants, à la demande, pour n'importe quelle tâche

La théorie de Ronald Coase, qui explique brillamment l'existence des entreprises au travers des coûts de transaction, peut aussi nous aider à comprendre pourquoi le modèle traditionnel entreprise-salariat est condamné à disparaître. La révolution digitale fluidifie le monde, elle le simplifie. Elle s'attaque aux aberrations économiques, aux frictions et aux rigidités. Dans son expansion, elle entraîne une chute rapide et massive de tous les coûts de transaction qui ont justifié l'existence du couple entreprise-salariat. Coût de recherche d'information ? Les moteurs de recherche l'ont réduit à néant. Coût de contractualisation ? Il existe des contrats types sur Internet pour tous types de prestations et il est possible de faire appel à des avocats en ligne, payés à la prestation pour les situations les plus complexes. Coût de coordination pour réaliser un projet ? Il existe des logiciels de gestion de projets comme Trello et Slack qui permettent à chacun d'avancer sur ses tâches respectives en gardant une vue globale de pilotage du projet. Pour chaque tâche, il existe désormais une solution, un outil, une app ou un algorithme soit pour optimiser la tâche ou l'automatiser, soit pour faire appel à un ou plusieurs prestataires indépendants payés à la tâche ou à la mission *via* une plateforme. Et ces plateformes d'indépendants explosent : on y trouve tout type de prestataires facilement, rapidement et en toute confiance.

Programmeurs, web designers, community managers, business developers, pigistes. On trouve toutes les compétences sur des plateformes comme Fiverr. Et pas uniquement pour les métiers du digital. Vous pouvez trouver un chef cuisinier pour votre entreprise ou pour chez vous, des hôtes/hôtesses d'accueil pour un évènement, consulter un avocat ou un spécialiste de la finance. Les métiers du consulting, autrefois très prestigieux et concentrés dans des cabinets spécialisés, se retrouvent eux aussi sur des plateformes où l'on peut acheter une mission de conseil en ligne. Il est même possible de se faire conseiller sur sa stratégie business au téléphone par des entrepreneurs et investisseurs de renom pour plusieurs milliers de dollars l'heure sur Clarity.fm. Vous pouvez également faire appel à ces indépendants qui proposent leurs services à titre personnel aussi bien pour des petits travaux chez vous, que du baby-sitting, des cours de langues ou de guitare, du ménage/repassage ou même pour attendre pour vous à votre place dans des files d'attente. C'est le jobbing. Pas le temps de vous occuper de votre vie amoureuse ni de rencontrer votre partenaire sur des applications de rencontres en ligne comme Tinder ? Vous pouvez embaucher un spécialiste de la séduction qui gère votre profil Tinder, discute à votre place avec vos cibles potentielles, les séduit et décroche les rendez-vous pour vous. Il ne vous reste plus ensuite qu'à les rencontrer IRL (*in real life*). Tout est achetable à la demande, à la mission, à la prestation, le prix est fixé et il y en a pour toutes les gammes, du plus prestigieux au plus *low cost*. Ce qui relevait autrefois des agences d'intérim ou de services prestigieux de conciergerie est aujourd'hui simplifié, contractualisé et digitalisé.

Pour autant, malgré l'explosion de ces plate-formes d'indépendants et du nombre de travailleurs freelances dans toutes les économies développées, le salariat reste culturellement profondément ancré et fait des travailleurs indépendants un phé-nomène perçu comme marginal qui ne concerne-rait que quelques créatifs ou particuliers qui ont du temps libre. Les entreprises d'aujourd'hui ne vont évidemment pas passer du jour au lende-main du salariat à l'emploi exclusif de freelances pour participer à leur processus de production, à la demande, sous forme de prestations ou de mis-sions bien définies. Il est d'ailleurs plutôt rassurant de se dire qu'une entreprise qui construit des avions comme Airbus utilise un *pool* de salariés alignés sur la même vision d'entreprise, suivant le même cadre, la même régulation, les mêmes contraintes et tenus au même secret profes-sionnel. De même, malgré les possibilités offertes par les plateformes de travailleurs indépendants et la facilité à y trouver des missions, nombreux sont les salariés pour qui il serait impensable de travailler sous une autre forme. Pour eux, le salariat est un confort, il protège et rassure. Ils voient le travail indépendant comme risqué, synonyme d'incertitude, voire de précarité. Ils préfèrent tout simplement acheter la sécurité qu'offre le salariat en échange d'un lien de subordination avec leur employeur. Et pourtant, ce phénomène d'accélération du travail indépendant dans tous les pays, même s'il ne concerne aujourd'hui qu'une fraction du travail, pourrait être le signe d'un changement de paradigme du travail et annoncer la mort du salariat traditionnel pour des raisons purement économiques.

Demain, être salarié sera synonyme d'incompétence

Quel intérêt pour une entreprise d'embaucher un salarié alors qu'en quelques clics *via* des plateformes – voire demain de manière totalement automatisée avec des algorithmes – elle pourra faire appel à un travailleur indépendant, définir sa mission, son périmètre, ses responsabilités légales et même mesurer précisément son niveau d'effort ainsi que chaque indicateur de sa valeur ajoutée ?

Ces dernières décennies, le salariat est devenu la forme de travail dominante parce qu'il était plus rentable pour une entreprise d'embaucher que de faire appel au marché pour chaque tâche. Le salariat comportait de nombreuses inefficacités mais elles étaient largement compensées par sa rentabilité par rapport à l'emploi de travailleurs indépendants. Avec la révolution digitale, la circulation rapide de l'information et l'avènement des plateformes d'indépendants, les coûts de transaction avec des travailleurs indépendants chutent considérablement et tendront bientôt vers zéro : il devient facile et peu cher de solliciter et contractualiser avec des travailleurs indépendants (indépendamment du coût de leur travail). Dès lors, tous les problèmes et toutes les inefficacités du salariat qui auparavant étaient négligeables par rapport au coût d'emploi d'indépendants deviennent déterminants. En les analysant et en les comparant, il est évident que le salariat est condamné à disparaître, et qu'entre-temps, seuls les travailleurs les moins compétents chercheront à être salariés.

La première inefficacité du salariat est son coût d'incertitude pré-embauche sur les compétences du salarié, qui résulte d'une asymétrie d'information entre l'entreprise et le salarié : c'est le problème du principal agent en économie. Lorsqu'une entreprise recrute un salarié, elle ne connaît pas son niveau réel de compétence ; le salarié, lui, le connaît. Et de la même manière que vous avez intérêt à dissimuler votre état de santé s'il n'est pas bon en souscrivant une assurance santé pour diminuer votre prime, un salarié a intérêt à dissimuler son niveau de compétence réel pour tenter de maximiser son salaire puisque l'entreprise ne peut pas le mesurer *a priori*. Les entreprises ont conscience de cette asymétrie d'information et tentent de la corriger de plusieurs manières. Elles recrutent des salariés selon leurs études et leurs diplômes parce qu'elles pensent que statistiquement, un salarié qui a un diplôme spécifique a plus de chances d'être qualifié pour le poste. Elles font passer des évaluations pendant le processus de recrutement pour identifier les candidats réellement qualifiés. C'est la théorie du signal : étant donné que les entreprises n'ont pas l'information sur la compétence réelle du candidat, les candidats tentent de signaler leur compétence avec des preuves comme un diplôme, de l'expérience sur un CV ou une capacité à réussir des entretiens et autres tests de recrutement. Le problème, c'est que ce signal est médiocre. Un diplôme certifie uniquement qu'un étudiant a été capable d'intégrer une école et qu'il a réussi les examens, pas qu'il sera compétent sur le job. C'est le même fonctionnement avec le vote démocratique. En étant élu, un responsable politique certifie une seule de ses compétences : sa capacité à se faire élire, mais cela ne présage en rien de sa compétence à gouverner, à prendre des décisions, à comprendre les problématiques et à proposer des solutions adaptées. Dans l'entreprise, toutes ces méthodes qui visent à identifier et à attirer les profils les plus compétents sont imparfaites. Pour un même niveau de salaire offert, comment différencier les plus compétents de ceux qui dissimulent leur niveau de compétence ? À salaire égal, face aux moins compétents, les profils les plus compétents se découragent, ils ont intérêt à se retirer du marché des salariés et à travailler à titre indépendant pour une rémunération plus élevée et plus de liberté, sans lien de subordination. Cette difficulté à identifier les profils compétents est largement réduite sur les plateformes de travailleurs indépendants et à terme, deviendra inexistante. D'abord parce qu'en étant notés et évalués précisément à chaque mission sur de nombreux critères (niveau de qualité, capacité à produire et à livrer dans les délais, respect des termes du contrat, etc.), les travailleurs indépendants se construisent une réputation visible qui atteste précisément leur niveau de compétence. Les mécanismes ne sont pas encore parfaits, notamment parce qu'ils permettent les évaluations falsifiées, mais des algorithmes sophistiqués sont dès aujourd'hui entraînés à repérer les faux avis et ce problème sera rapidement résolu pour, à terme, représenter fidèlement les caractéristiques du travailleur indépendant. Ensuite, parce que le niveau de compétence réel du travailleur est reflété par le prix de ses prestations, qui s'ajuste en temps réel. Pour l'entreprise, l'avantage est considérable : plus besoin de mettre en place des processus de recrutement coûteux et inefficaces pour s'assurer de la compétence réelle du candidat : tout est visible sur la plateforme.

La deuxième inefficacité du salariat est le coût d'incertitude post-embauche. Le salarié peut avoir des intérêts personnels et des objectifs qui ne sont pas totalement alignés avec ceux de l'entreprise. Son intérêt à être salarié peut être de faire un job qui le passionne, d'être au contact de collègues sympathiques, de viser le prochain poste prestigieux, de protéger sa famille, de rembourser son crédit ou de toucher un salaire tous les mois pour vivre en fournissant le moins d'efforts possible... Chacun a des intérêts personnels différents, qu'il est le seul à connaître et qui ne sont pas alignés avec celui de l'entreprise qui est de créer de la valeur. Pour aligner leur intérêt avec ceux des salariés, les entreprises utilisent là aussi plusieurs moyens : elles donnent à leurs salariés des objectifs précis à atteindre et les récompensent avec des stock-options et des bonus ou leur promettent un prochain poste attractif. Mais là encore, ces moyens sont imparfaits et coûteux. Comment s'assurer que le comportement du salarié serve totalement les intérêts de l'entreprise ou que ses efforts soient à la hauteur du salaire que l'entreprise lui verse ? En faisant appel à des travailleurs indépendants et en les rémunérant selon les termes d'un contrat, les entreprises se couvrent de ce risque d'aléa moral (qu'une fois le contrat de travail signé, le salarié n'aligne pas ses intérêts avec ceux de l'entreprise et fournissent moins d'efforts). En définissant précisément la mission, les tâches à produire et les indicateurs pour mesurer le succès de la prestation dans un contrat, les entreprises peuvent être certaines du résultat. La encore, les plateformes en ligne feront apparaître la réputation du travailleur, noté en permanence sur des micro-indicateurs de plus en plus précis et il n'aura aucun intérêt à ne pas jouer le jeu, sinon il détruira lui-même son job à terme. En étant en concurrence sur ces plateformes, les individus ont intérêt à se différencier en augmentant constamment la qualité de leur offre. C'est une obligation de survie de construire leur réputation pour pouvoir augmenter leurs prix. Dans le cas contraire, ils deviennent interchangeables et la rémunération de leur prestation chute.

La troisième inefficacité du salariat, et certainement la plus délicate, est la sécurité de l'emploi. De nombreux travailleurs, y compris très compétents, apprécient le salariat parce qu'il leur offre une sécurité. Ils ne souhaitent tout simplement pas s'occuper de chercher des missions et ont peur d'être soumis aux aléas de la demande pour leur travail. Ils préfèrent être sous contrat avec une entreprise pour percevoir un salaire régulier. La contrepartie de cette sécurité de l'emploi que leur offre l'entreprise, c'est qu'elle les oblige à accepter un salaire moindre que s'ils étaient indépendants : ils achètent leur sécurité salariale à l'entreprise qui, en échange, porte le risque en cas de fluctuations de la demande pour leur travail. Mais cette inefficacité disparaîtra aussi avec l'avènement des plateformes de travailleurs indépendants. Parce que s'il existe une demande pour un travail et qu'elle est stable, tous les travailleurs compétents auront intérêt à se rendre disponibles comme indépendants sur des plateformes : ils n'auront pas d'effort à faire, ni de difficulté à être sollicités pour des missions. La sécurité de l'emploi sera assurée par les algorithmes des plateformes qui leur fourniront du travail en continu à une rémunération plus importante qu'en étant salariés. En revanche, si la demande pour un travail est faible ou instable dans le temps, le salariat ne sera plus un refuge de protection pour le travailleur : cette fois, c'est l'entreprise qui n'aura plus intérêt à porter le risque du salariat et préférera payer des indépendants plus cher et à la mission.

Il est facile de voir dans l'avènement des plateformes de travailleurs indépendants et de ces algorithmes une cause supplémentaire de la précarisation du travail. C'est une erreur. Ces plateformes et ces algorithmes mettent en relation offre et demande de manière efficace. Ils ne sont pas responsables si l'offre pour une tâche ou un travail est surabondante ou si le niveau de qualification requis est faible, ce qui entraîne une rémunération faible. Le problème des plate-formes actuelles est que beaucoup d'entre elles – dont Uber – fixent les prix. Pour que s'organise efficacement le marché des travailleurs indépendants, les travailleurs doivent avoir la liberté de fixer leurs prix. Évidemment, l'avènement de cette nouvelle forme de travail doit être incluse dans les débats sur la précarisation du travail. Mais elle doit l'être au même titre que le travail salarié, pas au nom de la technologie, de la nouveauté ou de l'ubérisation.

Le salariat est un marché imparfait dépassé par notre époque. Le digital exacerbe la concurrence pour un même travail entre salariés et indépendants. Les indépendants gagneront parce qu'ils produiront un signal de meilleure clarté sur leur niveau réel de valeur ajoutée et obtiendront une rémunération en adéquation (à condition qu'ils fixent librement leurs prix, contrairement à ce qui est le cas aujourd'hui sur de nombreuses plateformes qui imposent les leurs). Le salariat disparaîtra. Ses avantages (sécurité, stabilité, cohésion des équipes humaines) seront préservés grâce à la précision des algorithmes et ses inconvénients (niveau de compétence réel, alignement des intérêts salarié/entreprise, rémunération moindre) seront corrigés par la libre fluctuation de sa rémunération.

Plus les algorithmes progresseront, plus un marché de la microtâche émergera. Chaque contribution à un processus de production sera évaluée, mesurée, définie et écrite automatiquement dans un contrat et chaque contributeur sera sélectionné et sollicité sur des plateformes par des algorithmes sophistiqués et rémunéré pour sa contribution. Les entreprises à longue durée pourraient disparaître et être remplacées par des projets à plus ou moins longues échéances. Les individus seront appelés et réunis de manière dynamique selon leur profil et leurs compétences autour d'un projet et se sépareront une fois la contribution de chacun apportée et le projet livré : du micro-intérim digital, à la demande et au juste prix pour tous. L'entreprise de demain ne se résumera peut-être qu'à un pacte d'actionnaires et à des algorithmes parfaitement réglés qui appelleront la force de travail à la demande. Cette vision semble évidemment très utopique, libertarienne et précaire aujourd'hui. Elle ferait bondir certains économistes qui se hâteraient de rétorquer qu'il y a trop de rigidités, d'incertitudes et de facteurs humains pour que cela soit autre chose que de la fiction, qu'une entreprise c'est également une culture que l'on forge par des habitudes et que le travail indépendant n'aura jamais. Mais si le mouvement actuel se confirme, qui consiste à découper, mesurer et monétiser chaque partie de la valeur, qu'il s'agisse de chaque tâche achetable sur un site de jobbing ou chaque kilomètre parcouru pour un trajet Uber, il n'y a aucune raison qu'à terme toutes les parties d'une chaîne de valeur ne soient pas réalisées sur mesure, à la demande par des acteurs indépendants liés par des contrats précis. Même les fonctions indispensables de l'entreprise d'aujourd'hui comme la fonction du dirigeant qui consiste à porter la vision de l'entreprise, à organiser et à motiver : comme l'a déclaré Jack Ma, l'algorithme finira par s'en charger.

Les *digital nomads* ou la génération CEO qui refuse le salariat

Au-delà des aspects purement économiques qui engendreront indéniablement plus de travail indépendant, il y a aussi une envie et des convictions de la part de certains, qui refusent tout simplement de « décrocher » ce fameux CDI. On les appelle les *digital nomads* : ils sont mobiles et refusent d'avoir un bureau fixe avec des horaires prédéterminés. Ils sont minimalistes, ils ne possèdent presque rien à part leur smartphone et leur laptop, ils préfèrent l'expérience, le vécu, à la possession d'objets matériels. Ils se défient du salariat, qu'ils jugent sévèrement. Pourquoi accepter un lien de subordination en entreprise alors que le digital offre aujourd'hui tous les outils pour proposer sa force de travail directement au marché, en toute liberté ? Pourquoi accepter d'être une marge financière pour son employeur là où l'on pourrait être mieux rémunéré en étant indépendant ? Les *digital nomads* refusent ce salariat qui signifie aussi pour eux passer du temps à faire de la politique interne : choisir son camp, devoir influencer et protéger ses soutiens dans l'entreprise, se protéger soi-même en permanence, préparer le terrain pour prendre le prochain poste, devoir participer aux ragots à la machine à café... Le salariat est aussi un jeu qui mélange en permanence coopération avec certains et compétition avec d'autres, et dans tous les cas des conflits à gérer qui prennent parfois le pas sur le job.

Pour ces profils, le salariat a perdu de son prestige, il est presque ringard. Finie l'époque où il fallait faire de belles études pour ensuite intégrer une banque d'investissement, un cabinet de conseil ou un géant mondial du cosmétique puis gravir les échelons un à un avec de beaux costumes et des titres honorifiques de directeurs ou d'associés. Les *digital nomads* ont tous fait les stages requis dans ce monde corporate et se sont rendu compte de l'absence de sens, du manque d'organisation et de vision des entreprises traditionnelles. Ils ont vu les vies, les routines, le manque d'envie des plus anciens dans l'entreprise et refusent ces schémas qui les attendent s'ils acceptent de rentrer dans ce monde. Ils rêvent de challenges, d'adrénaline, de négociations à haut risque, et on leur propose Excel et PowerPoint. De l'intérieur, ces entreprises qui avaient l'air parfaites, professionnelles et organisées les déçoivent, elles ne tiennent pas leurs promesses. Pour les *digital nomads*, il faut au contraire produire quelque chose par soi-même et en tirer un business model. Ils veulent avoir le sentiment d'être unique et de contribuer par leur talent et leur travail à quelque chose de tangible et de visible directement sur le marché. Les *digital nomads* ont compris que le salariat rendait les individus interchangeables et qu'ils doivent désormais se différencier : ils construisent leur marque personnelle, ils sont CEO d'eux-mêmes. Ils sont leur propre produit et doivent constamment l'améliorer sous peine d'être noyés parmi des profils indépendants qui explosent sur les plateformes.

Le phénomène *digital nomad* fait rêver. Ils sont de plus en plus nombreux, y compris parmi les générations plus âgées, à avoir à la fois un pied dans le salariat et à embrasser ce nouveau modèle avec ses codes. On les appelle les slasheurs : ils cumulent plusieurs activités, souvent liées au digital. Ils sont managers dans un grand groupe le jour/web designers la nuit ou photographes pour blogs le week-end. Puis, lorsqu'ils lâchent le grand groupe, on les appelle les switcheurs. Ils rejettent l'ancien monde conforme et traditionnel pour se consacrer à ce qu'ils aiment. Le monde digital est un monde de fluidité, de mouvement et de rapidité dans lequel il faut bouger en permanence et prendre des risques pour exister et se développer. La différence principale entre les travailleurs de l'ancien monde qui cherchent à décrocher un CDI et ceux qui le rejettent, c'est précisément cette aversion pour le risque. Les *digital nomads* sont prêts à prendre ce risque parce qu'ils veulent que chaque instant de leur journée ait un sens et que leur liberté soit totale.

Bullshit jobs et quête de sens

La disruption est en train de bouleverser notre rapport au travail et de redéfinir nos aspirations et nos attentes les plus profondes. Le modèle traditionnel qui consistait à faire des études longues dans des écoles sélectives pour avoir accès à un emploi dans une grande entreprise et à changer de poste régulièrement pour prendre plus de responsabilités est mort. D'abord parce que cette garantie n'existe plus : un diplôme augmente toujours les chances d'obtenir un emploi mais même avec un diplôme prestigieux, accéder à l'emploi devient de plus en plus difficile. Mais surtout, parce que beaucoup d'emplois promis par ce chemin tout tracé n'ont pas de sens et suscitent un rejet massif. Dans un article devenu viral en 2013, l'anthropologue David Graeber leur a donné un nom : les *bullshit jobs*[1]. Il explique qu'alors que l'explosion technologique promise par Keynes aurait dû nous conduire à ne travailler que 15 heures par semaine, nous avons préféré maintenir et multiplier les emplois mêmes s'ils n'ont aucun sens. Difficile de définir le concept de *bullshit job* précisément, mais Graeber explique qu'il s'agit de tous les métiers qui ont gonflé les rangs du secteur tertiaire, de l'administration, de la bureaucratie et du support à la production : les consultants, les marketeurs, les contrôleurs de gestion, etc. Le concept est controversé – comment être légitime pour définir ce qui est utile et ce qui ne l'est pas ? Graeber précise que ceux qui ont un *bullshit job* savent secrètement que leur emploi n'a pas réellement besoin d'être fait. Ces employés fuient leur activité. Il suffit de se rendre dans un *open space* pour constater l'étendue du phénomène. Au lieu de se consacrer à leur activité, les salariés passent le plus de temps possible à surfer sur Internet, faire du shopping sur Amazon et organiser leurs week-ends. Ils bâclent leurs tâches rébarbatives obligatoires pour se libérer du temps et le consacrer à ce qui a plus de valeur et de sens pour eux, ou au contraire procrastinent dans les limites tolérables pour repousser au dernier moment la partie de leur travail qu'ils vont devoir rendre visible à leur supérieur. Ces jobs envoient pourtant des signaux prestigieux ; on les assimile immédiatement à des

---

1. David Graeber, « On the Phenomenon of Bullshit Jobs : A Work Rant », StrikeMag.org, août 2013.

tâches à haute valeur ajoutée associant formation élitiste et grandes responsabilités. Et dans
la période de disruption que nous traversons, ces
nouveaux jobs se multiplient avec des intitulés et
des définitions toujours plus créatives... En réalité, ils sont un enfer pour ceux qui en ont un, et
cet enfer est de moins en moins toléré. En public,
ces salariés affirment avec aplomb la pertinence
de leur job, utilisent un vocabulaire d'initiés pour
légitimer leur existence et faire croire à un haut
niveau de technicité. En privé, ces salariés sont
malheureux, veulent changer de job, se réveillent
le matin sans savoir pourquoi ils vont travailler,
rêvent à un avenir différent mais ne savent pas
comment s'y prendre pour le concrétiser. Les
générations Y et Z quant à elles, souvent après un
premier stage, refusent ces jobs passés derrière
un écran sans comprendre leur impact concret
sur le monde. Il est inacceptable pour ces générations d'échanger leur temps et leur talent contre
une rémunération sans comprendre ou ressentir le sens profond de ce qu'ils font. Résultat,
un mouvement massif de démissions face à ces
bullshit jobs est en marche : reconversions professionnelles, créations d'entreprises, augmentation
des freelances... Puisque l'entreprise ne fournit
plus le sens par l'intermédiaire de l'emploi qu'elle
propose, les individus décident de créer leur
propre job en partant du sens, même s'ils doivent
réduire leur rémunération et accepter plus d'incertitude et de précarité. La rémunération et la
sécurité qui étaient auparavant des critères fondamentaux de l'emploi sont reléguées au second
plan après l'épanouissement.

6

Les quatre exigences
de la disruption

Du client oublié au business disrupté :
le dilemme de l'innovateur

La disruption surprend. Elle émerge rapidement, s'impose et tétanise les acteurs en place
qui sont condamnés à disparaître parce qu'il est
déjà trop tard lorsqu'elle devient visible. Les dirigeants évoquent la disruption dans leurs conseils
d'administration, se demandent par où elle va les
attaquer et se rassurent en se disant qu'ils sont
protégés par un ancrage fort, des clients fidèles,
une réglementation et des habitudes. La plupart du temps, les dirigeants comprennent la
disruption des autres industries : elle est toujours
évidente une fois qu'elle a eu lieu et s'explique
facilement. Mais ils estiment leur propre disruption peu probable. Pire, ils suivent les tendances
sociétales et technologiques mentionnées dans
les rapports des cabinets de conseil et s'imaginent
comme des acteurs de premier plan des révo-
lutions à venir alors que c'est l'attitude la plus
dangereuse à adopter face à la disruption.

D'autres dirigeants sont beaucoup plus humbles sur leur situation et considèrent que leur disruption est inéluctable. Jeff Bezos déclarait en 2013 dans une interview qu'un jour Amazon se ferait disrupter, et qu'il n'était pas inquiet parce que c'était inévitable.[1] Ces dirigeants savent que c'est leur succès qui engendrera leur aveuglement face à la disruption et pourra les faire disparaître. La disruption bouleverse les stratégies d'entreprises éprouvées ces dernières décennies. Auparavant, les entreprises traditionnelles cherchaient à développer un produit star destiné à devenir leur garantie de revenus pour de nombreuses années et à les protéger un certain temps à la fois de la concurrence mais aussi de nouveaux acteurs. Désormais, cette stratégie ne fonctionne plus. La disruption est continue, fulgurante et sans aucune barrière à l'entrée. Chaque position stratégique acquise par une entreprise devient précaire. Qu'il s'agisse d'une entreprise historique au marché massif ou d'une startup ayant elle-même récemment disrupté une industrie. Aucune n'est à l'abri d'une chute soudaine de position, détrônée par un acteur de taille minuscule mais beaucoup plus agile. Il n'est plus possible de tenir une position de leader comme une rente. Les disrupteurs sont conscients de l'état de faiblesse que peut cacher une position dominante. Steve Jobs par exemple, était tellement hanté par sa propre disruption, qu'il savait que s'il ne le faisait pas lui-même, quelqu'un d'autre le ferait et Apple serait le prochain Nokia. C'est

---

1. 60 Minutes, « Amazon's Jeff Bezos looks to the future », 2013, www.youtube.com/watch?v=JROFIBGh1lI

pour cette raison qu'Apple n'a pas hésité à rendre obsolète son iPod en lançant l'iPhone. Jamais une entreprise traditionnelle pilotée par un dirigeant averse à la disruption n'aurait accepté de tuer un produit aussi rentable pour en inventer un autre qui le rendrait obsolète. Cette obsession, Steve Jobs et les autres disrupteurs la doivent à un livre qui a bouleversé le monde des affaires en théorisant le phénomène de la disruption : *Le dilemme de l'innovateur*.[1]

En 1997, Clayton Christensen, professeur à la Harvard Business School, a été le premier à expliquer les caractéristiques et les étapes de la disruption. Selon lui, les entreprises se mettent en danger lorsqu'elles ont du succès avec un produit et développent un cœur de métier parce qu'elles ont désormais un marché à satisfaire. Elles deviennent alors dépendantes de leur marché et la seule solution pour augmenter leur chiffre d'affaires est de satisfaire leurs clients existants en améliorant constamment leur produit. Elles augmentent sa qualité, corrigent ses défauts, développent de nouvelles options et ainsi élargissent leur base de clients pour atteindre une taille maximale et devenir leader sur leur marché. Elles se concentrent sur cette rentabilité existante, recrutent, se spécialisent toujours plus sur leur produit star ou leur cœur de métier et renforcent toujours plus leur dépendance vis-à-vis de leur marché existant à qui elles doivent leur chiffre d'affaires. Cependant, le marché est composé d'une partie haute très exigeante et d'une partie

1. Clayton Christensen, *The Innovator's Dilemma*, Harper Business, 2011.

basse qui l'est beaucoup moins et pour qui toutes ces améliorations sur le produit n'apportent pas grand-chose. En continuant à améliorer son produit pour ses clients les plus exigeants, l'entreprise se coupe progressivement de la partie inférieure du marché, et économiquement cela ne lui pose aucun problème puisque la partie haute est la plus rentable.

Le problème, c'est que ces clients oubliés que l'entreprise délaisse volontairement pour se concentrer sur les plus rentables, constituent désormais et avec d'autres, un nouveau marché avec des besoins différents. C'est ici que la disruption a lieu : ce nouveau marché est un espace stratégique pour disrupter. C'est la porte d'entrée des disrupteurs qui vont lancer un produit remplaçant les usages du produit de l'entreprise établie et qui en apparence n'a aucune chance d'être un succès : mauvaise qualité, défauts, incertitude sur son utilité, etc. Mais le nouveau produit s'adresse à la niche des clients oubliés de l'entreprise établie. Les disrupteurs font le pari que ces clients ont des besoins insatisfaits et vont tenter de les trouver. Contrairement à l'entreprise établie qui ne peut pas se risquer à se lancer sans certitude, les disrupteurs n'ont rien à perdre et se lancent sur un marché de niche qu'ils ne connaissent pas ; ils peuvent se tromper et tâtonner mais ils n'ont pas d'autres choix que de le trouver. Ils commencent avec un produit très simple, une première version qui répond à un besoin du bas du marché avec très peu de fonctionnalités. Puis lorsque leur marché restreint est trouvé, ils itèrent et améliorent rapidement le produit qui devient adoptable par un plus grand nombre de clients plus exigeants. Les clients de l'entreprise établie basculent alors massivement vers le produit du disrupteur devenu plus mature et servant de nouveaux usages auparavant inconnus par les clients du produit de l'entreprise établie. C'est ce qui s'est passé avec l'informatique. Au départ, les premiers ordinateurs étaient des Mainframe, volumineux, très chers, destinés à des industries spécialisées et nécessitant des formations poussées. Lorsque les premiers ordinateurs personnels sont arrivés sur le marché, ils étaient destinés à un public averti aux compétences solides mais étaient désormais plus accessibles financièrement et moins volumineux. En se perfectionnant et en devenant plus simples d'utilisation, ils ont progressivement touché tout le reste du marché. Lorsque la taille critique de marché a été atteinte, ce sont les utilisateurs de Mainframe qui ont eux-mêmes basculé sur les ordinateurs personnels : le PC est devenu le nouveau standard et a disrupté les Mainframe. À se concentrer sur les utilisateurs de Mainframe en améliorant sans cesse leurs fonctionnalités pour maintenir une rentabilité élevée, les fabricants ont négligé les particuliers. En s'adressant à eux, les fabricants de PC ont rendu les Mainframe obsolètes.

Le dilemme de l'innovateur d'après Christensen est de savoir si une entreprise doit se lancer à la conquête de ses clients oubliés à force de se concentrer sur ses clients les plus rentables, sachant que cette démarche engendrera forcément des rendements inconnus alors que les produits actuels génèrent déjà les meilleurs rendements et nécessitent d'y allouer toutes ses ressources. Ne pas se lancer est rationnel pour l'entreprise ; aucun indicateur ne le justifie tant qu'il n'y a pas de certitude sur les besoins, l'existence du marché et sa taille. C'est cette attitude qui prévaut dans les conseils d'administration des grandes entreprises traditionnelles : elles étudient les opportunités de nouvelles offres et de nouveaux produits, mais refusent de se lancer sans certitude et sans indicateurs de succès précis. De l'autre côté, le disrupteur s'attaque à ce segment incertain jusqu'à calibrer parfaitement le produit et l'améliorer, pour finir par rendre l'offre de l'entreprise établie obsolète.

Avec ce réflexe de déni courant dans les entreprises à la culture corporate, Ken Olsen, le CEO de Digital Equipment Corporation, déclarait en 1977 : « il n'y a aucune raison que les gens possèdent un ordinateur personnel chez eux ».[1] La disruption suit toujours le chemin décrit par Christensen. En plus de devoir améliorer constamment leurs produits, les entreprises doivent désormais répondre à ces deux exigences pour faire face à la disruption : ne jamais abandonner la partie la moins exigeante et la moins rentable du marché (contrairement à ce qu'enseignent tous les MBA de toutes les Business Schools et les cabinets de conseil en stratégie) et ne jamais mépriser de nouveaux usages qui en apparence ont l'air de n'avoir aucune valeur.

---

1. Jack Schofield, « Ken Olsen obituary », Theguardian. com, 9 février 2011.

Commencez par apprendre au singe à parler

Le dilemme de l'innovateur est complexe pour l'entreprise : d'un côté, elle doit parier sur une nouveauté qui a l'air absurde et incertaine et qui risque au passage de faire disparaître une activité déjà très rentable et de l'autre, ne pas négliger l'activité déjà rentable qui lui garantit ses revenus. Face à ce dilemme, il y a un indice qui ne trompe pas : le niveau de difficulté du problème que l'entreprise doit résoudre pour disrupter. Bien souvent, le niveau de difficulté à résoudre pour disrupter un secteur économique, un usage ou une entreprise est considéré comme tellement important, qu'il est perçu comme une barrière à l'entrée qui protège de la disruption. Les professionnels considèrent que personne mieux qu'eux ne peut identifier les problèmes à résoudre pour disrupter et évaluer leur difficulté. Et pour identifier les problèmes difficiles, les professionnels sont plutôt compétents. Dans la grande distribution, ils savent par exemple depuis près de cent ans que l'un des problèmes majeurs des supermarchés est la file d'attente. Les professionnels de l'énergie quant à eux savent que le grand frein à un bouleversement du secteur est le stockage de l'énergie. Les professionnels de l'aérospatial eux, savent qu'il est éminemment difficile de réutiliser des lanceurs de fusées. Les problèmes complexes à résoudre sont partout plutôt bien identifiés dans tous les secteurs. L'erreur que font les entreprises est de considérer ces difficultés comme des contraintes insurmontables et d'organiser leur production autour de ces difficultés sans jamais les affronter. Résultat : elles s'attaquent aux problèmes les plus simples et les plus visibles, ce qui les rend totalement vulnérables à la disruption. Elles se contentent d'implémenter une technologie moderne ou un usage en vogue de manière incomplète simplement pour montrer qu'elles ont pris en compte le besoin d'innover mais elles manquent l'essentiel, le problème le plus complexe à résoudre. La Société Nationale des Chemins de Fer va par exemple développer un chatbot pour discuter avec ses clients sur les canaux les plus avancés technologiquement alors que ses infrastructures de transport sont vétustes et que ses trains accumulent les retards. Les taxis répondent à la concurrence des applications comme Uber en développant eux aussi la leur, mais maintiennent des tarifs prohibitifs. Certaines grandes entreprises fuient la difficulté et se contentent du minimum pour survivre.

Les disrupteurs, au contraire, s'attaquent frontalement aux problèmes les plus complexes à résoudre. Ils savent que plus la difficulté est grande, plus importante est la source de disruption et qu'une fois le problème réglé, c'est tout le secteur qui tombe. Chez Google X, le prestigieux laboratoire à disruption de Google, ils ont même une expression pour rappeler l'importance de commencer par le plus complexe : Monkey First[1]. Astro Teller, le responsable du laboratoire, raconte souvent l'anecdote du singe : si on demandait à des entreprises de positionner un singe sur un piédestal de trois mètres pour lui faire réciter

---

1. Commencer par le singe.

du Shakespeare, la majorité commencerait par construire le piédestal, pour montrer fièrement l'avancement du projet à leurs managers et aux actionnaires, alors qu'il est infiniment plus difficile d'apprendre à un singe à parler et encore plus à réciter du Shakespeare ! L'approche de Google est inversée. Pour développer des voitures sans chauffeur, ils ne commencent pas par apprendre à construire des voitures, ils se concentrent sur le plus difficile : l'intelligence artificielle qui conduira la voiture. Amazon adopte les mêmes réflexes. Après avoir triomphé sur Internet, le géant de la distribution s'attelle à disrupter le secteur de la vente au détail. Amazon a parfaitement compris que le plus grand problème à résoudre dans le secteur est la file d'attente en caisse et a concentré ses efforts de recherche pour mettre fin au problème. En 2018, ils lancent Amazon Go, un supermarché sans caisse qui débite automatiquement les clients à leur sortie du magasin grâce à des capteurs intelligents qui identifient les produits et reconnaissent les visages des consommateurs. Pendant que les supermarchés traditionnels vantent leur capacité à innover en mettant en place des caisses automatiques ou de nouveaux parcours client, Amazon fait disparaître les caisses. Face à une innovation technologique aussi radicale, les supermarchés traditionnels sont en péril. Leur incapacité à répondre aux réels problèmes de leurs clients est maintenant pointée du doigt et leur disruption inéluctable.

Pour les entreprises traditionnelles, il était jusqu'à présent rationnel de ne pas se concentrer sur les problèmes les plus complexes à résoudre dans leur secteur : le temps et les découvertes

allaient les résoudre, et elles pourraient facilement acheter les innovations ou les acteurs qui
leur permettraient d'y répondre. Cette époque est
révolue. Désormais, les disrupteurs s'attaquent
aux problèmes les plus complexes des secteurs
existants. Il devient prioritaire pour les entreprises
d'attaquer de front les problèmes les plus difficiles et qu'elles considèrent comme des barrières
à l'entrée. La disruption fait sauter une à une
toutes ces barrières. Avant chaque projet, chaque
nouvelle offre, chaque innovation, les entreprises
doivent se demander si elles s'attaquent à la plus
grande difficulté ou si elles la contournent et
commencent par le plus simple. N'oubliez pas :
Monkey First.

L'expérience exceptionnelle ou la mort

Dans l'économie mondialisée, ultra-concur-
rentielle et connectée, chaque fois qu'un produit
ou un service (ou l'une de leurs caractéristiques)
est adopté par le marché, il est de plus en plus
rapidement copié, transformé et décliné. Les
produits finissent rapidement par devenir subs-
tituables, ce qui contraint à devoir les améliorer
toujours plus et à chercher d'autres facteurs de
différenciation. Dans l'économie digitale, une
nouvelle exigence vient s'ajouter à la nécessité
d'amélioration et d'innovation permanente des
produits : l'expérience client. Tout ce que fait, vit,
ressent et éprouve un client en interagissant avec
l'entreprise et ses produits constitue son expérience et est source d'une valeur considérable.
Même si la porte d'entrée de la disruption selon

Christensen est un marché aux besoins oubliés qui se laisse convaincre au départ avec un produit inabouti, la disruption requiert une amélioration rapide et constante jusqu'à offrir une expérience exceptionnelle à tous les niveaux : de l'intention d'achat à l'utilisation du produit, jusqu'au service client. Cette expérience exceptionnelle, les disrupteurs nous l'offrent en permanence. Apple crée des produits au design parfait, Amazon une expérience d'achat facile et une livraison rapide et fiable, Uber un service sans action inutile de notre part et Netflix une expérience sans coupure qui se souvient de nous et nous offre une continuité parfaite entre chaque session. Rien n'est laissé au hasard, chaque détail de l'expérience est passé au crible d'évaluations sévères qui ne tolèrent pas le moindre écart par rapport à l'excellence. Si l'expérience n'est pas parfaite, c'est qu'elle est ratée. Et le niveau d'exigence que les spécialistes de la disruption nous offrent est tel que nous nous y sommes habitués et qu'il est devenu notre standard minimum dans tous les aspects de nos vies : nous attendons désormais le même niveau d'expérience de toutes les entreprises, tous les services de l'État et institutions avec qui nous sommes en lien. Lorsqu'une interaction n'est pas totalement pertinente ou une offre pas totalement claire, qu'elle nous fait perdre notre temps ou nous demande trop d'effort, nous nous sentons frustrés et avons envie de la punir comme nous le faisons en désinstallant une application smartphone qui n'a pas été à la hauteur de ses promesses après 30 secondes d'utilisation. Notre seuil de tolérance face à une expérience qui n'est pas *Amazon-like* ou *Uber-like* se rapproche progressivement de zéro.

Toutes les entreprises qui ne se conforment pas au niveau d'expérience minimum digne des géants de la Tech sont menacées de disparaître. Le phénomène commence à être compris : beaucoup d'entreprises n'hésitent plus à parler d'expérience utilisateur (UX) et d'interface utilisateur (UI) pour en souligner l'importance. Elles repensent leurs parcours client une fois par an, font des enquêtes de satisfaction et du Design Thinking pour repenser l'expérience qu'elles offrent à leurs clients. Malheureusement, elles ne parviennent pas toujours à offrir des expériences exceptionnelles. Leurs tentatives sont visibles mais peu ambitieuses, souvent bâclées, et n'offrent que des morceaux d'expériences alors qu'une expérience réussie doit être globale et sans faute. Certaines banques par exemple mettent en place des solutions de service client en ligne *via* un chat... sur lequel les conseillers sont présents pour répondre du lundi au vendredi de 8 heures à 22 heures. La plupart des factures des entreprises sont incompréhensibles et contiennent une multitude de références, sources de confusion : numéro de dossier, numéro de référence, numéro de client, identifiant, code d'identification, code de connexion... ce qui chez les disrupteurs se résume souvent à un unique « login ». L'offre de la majorité des entreprises est tellement mal conçue qu'elle génère incompréhension et incapacité à choisir. Soit les produits sont trop nombreux et déclinés selon un nombre de caractéristiques trop important : pensez aux abonnements mobiles ou aux lessives. Soit l'offre est totalement incompréhensible (volontairement ou non) : pensez aux contrats d'assurance, aux services bancaires ou à la liste d'ingrédients des produits alimentaires industriels. Les exemples d'expériences ratées se multiplient dans notre quotidien ; elles sont absolument partout et doivent toutes être repensées. Dans le transport aérien, l'expérience est la même depuis toujours : accès à l'aéroport, enregistrement des bagages, contrôles de sécurité, embarquement et retrait des bagages. La technologie est pourtant omniprésente dans les aéroports mais l'expérience est toujours aussi déplorable et frustrante. Si Amazon construisait des aéroports, comment penserait-il l'expérience ? Une chose est sûre : en bannissant le moindre effort et le moindre temps perdu pour les usagers. Même chose dans la santé : comment s'y prendrait-il pour concevoir un parcours de soins, gérer la logistique et anticiper les besoins en capacité dans les hôpitaux ? Offrir une expérience exceptionnelle à large échelle est possible : les géants de la Tech le prouvent tous les jours (y compris dans des domaines physiques comme la logistique). Nous devons désormais exiger ce niveau d'expérience. Si les hôpitaux, les écoles, les aéroports ne s'alignent pas, alors Amazon (ou un autre) créera ses hôpitaux, ses écoles et ses aéroports.

Nous entrons dans l'ère de l'expérience. Tout doit être repensé en termes d'expérience, y compris nos fonctionnements biologiques. De nombreuses startups tentent par exemple de repenser notre expérience du sommeil : matelas de haute qualité en matériaux de pointe, matelas connectés, capteurs de mouvements qui analysent le sommeil et applications qui offrent des conseils personnalisés pour l'optimiser, casques de nuit qui captent nos ondes cérébrales et envoient des micro-courants pour favoriser la relaxation, oreillers intelligents... Notre manière de nous alimenter est également en train d'être bousculée par des startups comme Soylent qui conçoit des repas complets et équilibrés à boire pour les gens pressés. Demain, ces repas existeront en version sur-mesure, adaptés à notre style de vie et à notre ADN.

Il y a encore tant d'expériences de vie à repenser ! Les disrupteurs prennent la liste de tous ce que nous faisons au quotidien et se demandent : « Et si on avait toujours eu tort ? Et si on faisait l'inverse ? Et si on supprimait telle ou telle étape du processus ? » Ils n'ont aucune limite dans leur invention de nouvelles expériences dans tous les domaines. Les Sex Tech par exemple, ces startups spécialisées dans les technologies pour adultes travaillent même à réinventer nos expériences sexuelles. Préparez-vous : dans la disruption, tout sera repensé, même le plus évident.

Tous paresseux. Mais tous autonomes

La disruption ne tolère pas l'effort. La simplicité est devenue la norme. Toute expérience doit désormais être suffisamment simple pour relever de l'intuition. Si un client ou un utilisateur a besoin d'être guidé, formé ou d'avoir recours à un mode d'emploi pour utiliser un produit, un service, une application, c'est que la simplicité n'est pas respectée. C'est à l'algorithme de se plier à l'utilisateur et non l'inverse, qu'il s'agisse d'un parcours client physique, d'une application ou d'un site web. Nous sommes de plus en plus habitués à des technologies qui nous servent, se mettent à jour automatiquement avec toujours plus de fonctionnalités, comprennent le contexte et s'adaptent à notre profil. Nous refusons de perdre du temps à comprendre comment les utiliser et à effectuer la moindre action qu'elles pourraient très bien faire pour nous. Nous avons une double exigence vis-à-vis de la technologie : nous voulons profiter de sa finalité sans le moindre accroc, avec une simplicité intuitive, mais aussi pouvoir l'utiliser en totale autonomie.

Cette double exigence est la clé du nouveau paradigme dans lequel nous entrons et pourtant, elle émerge avec un mythe de l'ancien paradigme, largement entretenu : celui de la formation. Beaucoup d'entreprises, dans leur stratégie de transformation digitale, insistent sur le besoin de leurs collaborateurs de formation au digital, à de nouveaux usages et de nouveaux outils. Les gouvernements évoquent eux aussi le besoin de formation au digital pour réduire la fracture numérique, au nom de l'inclusion. C'est une grave erreur qui prend le problème à l'envers. Ce n'est pas à l'utilisateur d'être formé, c'est aux produits, aux applications et aux procédures d'être conçus pour être utilisés de manière intuitive, sans aucune formation. Il n'y a pas besoin de mode d'emploi pour utiliser les produits Apple, il suffit de voir avec quelle facilité un jeune enfant se sert d'un iPad. De même, personne n'a besoin qu'on lui explique le fonctionnement d'Amazon,

Uber ou Netflix : tout est pensé pour guider l'utilisateur sans effort. Pourquoi en serait-il autrement de toutes nos interactions avec une entreprise et avec l'État ? Elles doivent être pensées intuitives « *by design* », dès leur conception, pour que personne n'ait à se demander ce qu'il doit faire ou ait le sentiment d'être perdu, d'avoir besoin d'être formé ou guidé. La période de disruption que nous vivons actuellement exige une éducation solide en sciences, en philosophie, en histoire, en éthique pour évaluer les perspectives et les risques de ce nouveau monde. Mais en aucun cas nous ne devrions former « au digital ». S'il y a besoin de formation, c'est que l'outil ou l'usage est mal conçu et ne respecte pas l'exigence de simplicité de la disruption. Le digital repose sur des *nudges*, ces techniques de conception qui engendrent des comportements automatiques prédéfinis des utilisateurs. Si le *nudge* est bien conçu, l'usage a lieu spontanément, la formation est inutile.

Pourtant, créer une expérience intuitive et exceptionnelle est finalement accessible à n'importe quelle entreprise : il suffit que chaque micro-moment de l'expérience succède intuitivement au précédent en étant compris de l'utilisateur et que l'expérience dans sa globalité ne comporte aucune friction. Elle doit être fluide, sans accroc, sans frein ni blocage puisque chaque frein entraîne découragement, frustration et envie de mettre fin à l'expérience. Ces expériences simples exigent des tests éprouvants pour comprendre quels sont les réflexes spontanés de l'utilisateur et s'appuyer dessus pour créer une expérience parfaite. Les disrupteurs investissent massivement dans les techniques les plus avancées comme les neurosciences, le A/B testing[1] ou l'*eye tracking*[2]. Ils observent leurs utilisateurs pour comprendre quelles actions sont effectuées spontanément face à leur technologie et adaptent ensuite l'expérience.

La simplicité de l'expérience est désormais un argument suffisant pour pénétrer des secteurs et ensuite les disrupter. Les agrégateurs de comptes bancaires par exemple, n'offrent qu'une vue globale de plusieurs comptes bancaires de différents établissements, mais leur design et la présentation des comptes est tellement simple, compréhensible et attirante par rapport aux applications proposées par les banques traditionnelles, que c'est suffisant pour attirer un maximum d'utilisateurs.

En s'agrippant à leurs activités et à leur business model, les entreprises tentent de se protéger de la disruption par des réflexes qui les condamnent à mourir. Désormais, elles n'ont plus la main sur le client en se différenciant de leurs concurrents sur leurs produits. Elles doivent désormais le maintenir dans une expérience exceptionnelle de bout en bout. Chaque friction, chaque effort du client ou de l'utilisateur est une opportunité de disruption par un nouvel acteur généralement issu d'un autre secteur.

---

1. Essai de plusieurs scénarios sur un groupe d'utilisateurs pour observer leur comportement et évaluer les différences d'impact.

2. Suivi du regard de l'utilisateur pour comprendre ce qui l'attire spontanément dans une expérience.

7

Le digital est darwinien :
lisez le signal !

Le signal devient lisible et authentique

En économie, le signal est le concept le plus puissant pour appréhender le comportement d'un agent (individu, entreprise, État). Chaque agent dispose d'informations sur lui-même (caractéristiques, valeurs, capacités, intentions, niveau de compétence ou d'honnêteté...) qu'il est le seul à connaître et qu'il peut choisir de dissimuler à ses interlocuteurs. Pour pallier cette asymétrie d'information, il faut étudier ce que l'agent envoie à son environnement : son signal. Volontairement ou non, nous nous signalons à chaque instant. Nos manières de nous exprimer et de nous habiller signalent nos appartenances à des groupes sociaux. Nos diplômes signalent notre capacité à apprendre et à passer des examens. Nos comportements signalent notre personnalité, nos préférences et notre profil psychologique. Nos choix de carrière révèlent notre goût ou notre aversion pour le risque. Tout se lit par le signal.

Le problème, c'est que le signal est toujours brouillé, difficile à lire, à la fois parce que nous sommes contradictoires, mais aussi parce que lire un signal nécessite du temps, de la répétition dans des situations et des contextes différents. Il faut croiser les signaux pour s'approcher de la vérité. Et enfin, parce que les agents peuvent chercher à manipuler le signal pour tirer avantage de l'asymétrie d'information (c'est le cas de la publicité par exemple, ou de phénomènes comme les rumeurs, lorsque le manque d'information est exploité pour influencer les opinions et les comportements). Pour tenter de lire clairement le signal et d'évaluer sa crédibilité, plusieurs mécanismes existent comme l'audit, la certification ou de manière plus informelle, la réputation. Mais ces mécanismes ne sont pas fiables et ont un coût ; face à l'explosion des sources d'information et des faux signaux (faux avis sur Internet, usines à clics, *fake news*...) il devient de plus en plus difficile d'authentifier un signal. En outre, nos cerveaux ne sont pas aptes à lire des signaux : nous sommes victimes de nos propres biais cognitifs, nous établissons des corrélations en fonction de nos expériences et nous avons tendance à généraliser et renforcer nos erreurs.

Mais le monde algorithmique dans lequel nous entrons va progressivement mettre un terme aux faux signaux et réduire l'asymétrie d'information entre les agents jusqu'à rendre chaque signal limpide. Ce que le monde de la finance cherche à faire en essayant d'obtenir de l'information pertinente avant tout le monde pour justifier des investissements, sera généralisé à tous les agents, entreprises comme individus. Tous les signaux émis seront progressivement passés au crible d'algorithmes qui vérifieront leur cohérence et chercheront des preuves pour les justifier. Par exemple, une entreprise qui indique être en forte croissance et annonce qu'elle recrute sera immédiatement évaluée par un algorithme qui vérifiera l'information en calculant le ratio d'entrées/sorties de ses employés sur leur profil LinkedIn (qui sera lui aussi vérifié par des algorithmes attestant son authenticité). Les propos tenus par les responsables politiques seront évalués sur leur véracité et des notes leur seront attribuées en fonction de nombreux critères. Le fact-checking manuel qui existe déjà aujourd'hui n'est qu'un avant-goût de la clarification du signal qui sera mise en place à grande échelle et automatisée par des algorithmes dans les prochaines années. Symbole effrayant de la marche forcée vers cette société où le signal devra être limpide à chaque instant : le gouvernement chinois a annoncé pour 2020 la notation de ses citoyens sur un maximum de critères, de leur comportement sur la route et les réseaux sociaux à leurs occupations, leurs achats et leurs interactions avec leurs amis. La démarche a suscité de nombreuses réactions et rappelle le rêve de transparence des sociétés totalitaires imaginées dans *1984*[1] ou *Bienvenue à Gattaca*[2]. Mais c'est oublier que cette volonté de tout savoir sur l'autre est profondément ancrée dans notre espèce. L'historien Yuval Harari explique dans *Sapiens* que le commérage, les ragots et le besoin de connaître l'autre dans ce qu'il a de plus

---

1. George Orwell, *1984*, Gallimard, 1950.
2. Film de Andrew Niccol, *Gattaca*, 1997.

intime constituent l'un des fondements de l'espèce humaine et sans doute ce qui lui a permis de construire des groupes sociaux et d'en assurer la cohésion au fil de l'histoire. Nous avons tort de penser que la technologie est responsable des abus de transparence : nous sommes simplement en train de redécouvrir que cette quête de transparence est ancrée en nous et que rien ne pourra l'empêcher.

Maintenant que le signal limpide sur tout et sur tous est à portée d'algorithme, l'enjeu du XXIe siècle sera de nous protéger de notre propre instinct. Il s'agit de définir un cadre éthique sur l'information qu'il sera acceptable de détenir et d'utiliser sur autrui et de veiller à prévenir toute forme de discrimination qui pourrait résulter de l'analyse d'un algorithme. Le débat qui consiste (notamment en Europe) à vouloir protéger et réguler l'utilisation des données personnelles est illusoire. Toutes les données que nous tentons de protéger seront estimées par déduction et corrélation. De la même manière que l'on peut déduire énormément d'informations sur quelqu'un à partir d'une seule (sa gestuelle, son débit de parole, ses lapsus, un détail fortuit au cours d'une conversation...), il sera possible avec des algorithmes de plus en plus sophistiqués de déduire les données et les informations dont on ne dispose pas. Par exemple, avec la position GPS de votre smartphone, un géant de la Tech sait où vous habitez, où vous vous déplacez, qui vous croisez, où vous travaillez, dans quels magasins vous faites vos achats, etc. Avec le bon algorithme, il peut obtenir une bonne estimation de votre rémunération, de votre milieu socio-économique, de vos projets de vacances, etc. Ce que les actuaires avaient l'habitude d'estimer en probabilités avec des modèles assurantiels sera fait par les géants de la Tech avec des modèles beaucoup plus précis qui croiseront toujours plus de données pour arriver à des estimations toujours plus proches de la réalité. L'enjeu est bien plus vaste que celui des données personnelles. Il faut considérer dès aujourd'hui que n'importe quelle donnée, y compris protégée, pourra être accessible par simple déduction, avec le bon algorithme.

Le darwinisme de la foule connectée

Le digital a horreur de l'incertitude. Et la disruption ne tolère pas le manque de pertinence et l'inadaptation. Un signal peu lisible ne le reste jamais longtemps : sa clarification est inéluctable, et en attendant la présence d'algorithmes omniscients, elle s'opère dès aujourd'hui naturellement et rapidement grâce à la foule connectée. L'information circule de plus en plus vite entre les utilisateurs et les clients, notamment sur les réseaux sociaux, ce qui amplifie le signal et le fait converger statistiquement vers sa nature réelle. Évidemment, le faux circule toujours (*fake news*, faux avis, faux profils, *followers* et *likes* achetés), mais à terme, en combinant algorithmes et grand nombre d'utilisateurs, il s'estompera jusqu'à disparaître comme une aberration statistique. Le problème a été identifié et les géants de la Tech et les startups travaillent déjà à le résoudre.

Par ses interactions, la foule connectée devient l'alliée principale et indispensable des disrupteurs puisqu'elle est devenue la meilleure autorité de valeur sur n'importe quel produit, service et contenu en ligne. Les disrupteurs ont bien compris que le seul signal valable à l'heure de la disruption est la preuve validée par leurs clients et utilisateurs et ils font tout pour en faire des partenaires de premier ordre : Amazon n'a pas besoin de dire qu'ils sont experts en relation client ni Uber de dire qu'il offre une expérience largement meilleure que celle des taxis, les clients s'en chargent. C'est un changement de paradigme qui a des répercussions considérables. Dans l'ancien monde, une entreprise pouvait utiliser tous les moyens à sa disposition pour faire connaître son produit, le valoriser auprès des clients et influencer le marché. Dans le monde digital, c'est impossible ; c'est la foule connectée qui décide. Elle repère la valeur, l'évalue avec des *likes*, des avis et des commentaires, et la diffuse en la partageant. Contrairement à l'époque de la publicité massive où nous étions tous visés indifféremment par des entreprises, la valeur est cette fois évaluée par nos pairs dans notre réseau. Nous serons de plus en plus touchés uniquement si la pertinence est assurée. Une entreprise qui propose un produit ou un service de qualité en adéquation avec les attentes de son marché sera défendue par des communautés d'utilisateurs qui se formeront spontanément : des ambassadeurs. Contrairement aux influenceurs rémunérés par les marques pour promouvoir leurs produits, ces ambassadeurs influencent d'autres clients gratuitement, simplement parce qu'ils accordent de la valeur à recommander à leur réseau ce qu'ils ont trouvé. L'enjeu pour les disrupteurs est d'être reconnus et appréciés par leurs clients : ce sont eux qui véhiculent le meilleur signal.

La puissance de la foule connectée est désormais telle qu'elle constitue un marché universel où règne l'hyperconcurrence sans aucune barrière à l'entrée, mais donc aussi l'égalité des chances. Auparavant, un artiste, y compris inconnu, devenait visible et se faisait connaître en étant propulsé par son producteur qui faisait un pari financier sur lui en portant le risque et en utilisant ses réseaux. Aujourd'hui, tous les artistes sont visibles de la même manière sur des plateformes comme Youtube ou Soundcloud, ils sont à armes égales. La promotion des sociétés de production ne garantit plus leur succès. La seule condition de réussite est leur talent, confirmé et soutenu par la foule connectée. Cette mise en concurrence professionnelle concerne tous les métiers. Les journalistes sont dorénavant en concurrence avec des amateurs *via* les blogs ou les réseaux sociaux et ce sont les plus pertinents qui sont les plus suivis et les plus écoutés ; ils deviennent des références, deviennent influents. Les professeurs sont en concurrence sur Youtube et sur les MOOC avec des vulgarisateurs amateurs. Là encore, ce n'est plus le titre de professeur qui légitime la compétence à enseigner et transmettre mais le nombre de vues, de partages et la réputation qu'ils se construisent à véhiculer de l'information juste et de qualité. Les contenus (articles en ligne, vidéos, applications smartphone...), les idées et l'information en général sont également livrés à une concurrence exacerbée pour accaparer l'attention des internautes : c'est la mémétique, le phénomène de sélection des idées parce qu'elles sont adaptées à leur environnement et se diffusent de cerveau à cerveau, mutent puis continuent à se transmettre comme des gènes.

Comme dans tout marché concurrentiel, les acteurs en présence sont incités à améliorer leur qualité en permanence pour se différencier et capter le marché. Mais dans le monde digital, les facteurs déterminant le succès d'un produit sont observables facilement et donc réplicables rapidement, ce qui fait converger leur qualité à un rythme beaucoup plus rapide qu'avant. Chaque fois qu'un élément différenciant en termes de pertinence est adopté par le marché, cela devient un standard pour tous les concurrents qui répliquent : pensez à la climatisation dans les voitures ou à la manière de faire une présentation en public. La nouvelle norme se diffuse et devient le standard minimum de l'industrie. Et en convergeant rapidement vers les mêmes niveaux de qualité devenus des standards, la concurrence peut ensuite s'exercer sur les prix, ce qui transforme rapidement ce qui auparavant était une innovation différenciante en une commodité : le cycle de l'innovation s'accélère.

Dans ce marché hyperconcurrentiel où tout s'affronte, la sélection est ultrarapide. Chaque produit, service, idée ou contenu qui est adapté à son environnement, qui répond à une demande existante, est très rapidement repéré et sélectionné par la foule qui le fait émerger et le diffuse. Cette sélection est darwinienne parce qu'elle laisse s'imposer ce qui n'était pas prévu de manière intentionnelle (les variations aléatoires chez Darwin), souvent après plusieurs essais de caractéristiques aléatoires : aucun Buzz

138

n'est prévu, aucune innovation n'est anticipée. Le hasard et la sélection par l'environnement donnent des indices à l'innovateur pour qu'il développe sa vision et dirige ensuite ses efforts à la concrétiser.

Auparavant, un produit, un service, une idée ou une œuvre pouvait rester inconnue en étant enfouie, inaccessible. Aujourd'hui, la valeur peut émerger de n'importe où et détrôner n'importe quel acteur ancien, même solidement établi. Contrairement au monde d'hier où celui qui était influent, qui avait les moyens et qui était connecté aux bons réseaux imposait son influence parce que c'était son intérêt, aujourd'hui chacun est confronté aux mêmes règles et contraintes du monde digital. Par exemple, l'algorithme de référencement sur les moteurs de recherche et celui de mise en avant des contenus sur les réseaux sociaux est le même pour tout le monde. L'algorithme n'est pas achetable : ce n'est plus celui qui paye le plus cher qui gagne. Beaucoup d'entreprises font l'erreur de payer des campagnes de publicité en ligne. Elles n'ont pas compris que tout ce qui est adapté et a le niveau de pertinence requis par la demande se diffuse naturellement. Payer pour de la publicité peut même devenir un handicap pour les entreprises : c'est un signal que le produit ne se suffit pas et que l'entreprise n'a pas d'autres moyens pour le vendre que de le subventionner. Si le produit était adapté à la demande, il serait repéré et plébiscité par la foule en ligne et deviendrait un best-seller rapidement sur son marché. Une vidéo Youtube devient virale parce qu'elle est adaptée au sens darwinien, jamais parce qu'elle a été sponsorisée.

La publicité avait un sens à l'époque où l'information circulait mal ; avec la présence d'algorithmes de plus en plus sophistiqués et personnalisés, elle deviendra obsolète et disparaîtra.

L'autorité d'aujourd'hui est l'adaptation au sens darwinien, la capacité à être sélectionné par l'environnement, dont la preuve est la diffusion spontanée et naturelle. Cette diffusion accélère l'innovation parce qu'elle permet à tous les produits, services, contenus, informations et idées de se mélanger, de se confronter, de se transformer et de se reproduire pour engendrer de la nouveauté.

La disparition inévitable du marketing

La première conséquence, inattendue, de la clarification du signal, est la disparition du marketing. Non qu'il devienne totalement automatisé par des algorithmes, mais la présence d'algorithmes et de la foule connectée le rend obsolète et inutile. Difficile à imaginer aujourd'hui, tant l'emprise du marketing est forte sur tout ce qui nous entoure : produits, services, concepts, articles en ligne, tweets et vidéos sur YouTube, tout est marketé, et il y a une raison légitime à ça : le marketing fonctionne.

Le marketing est l'ensemble des outils et techniques qui permettent de connaître un marché et donc ses clients, mais aussi de mettre en œuvre une stratégie d'influence pour les faire consommer au sens large, c'est-à-dire acheter un produit, un service ou consacrer de leur temps si le produit est gratuit (article en ligne, réseau social, vidéo, etc.). Les techniques marketing sont nombreuses, elles ont été éprouvées dans toutes les industries et elles utilisent tous les ressorts disponibles pour progresser : les grands groupes font par exemple régulièrement appel aux neurosciences pour évaluer ce qui se passe dans le cerveau de leurs clients en réaction à leurs produits pour préparer et optimiser leur campagne – c'est le neuromarketing. Les entreprises accordent au marketing une place très importante dans leur stratégie, avec des budgets considérables, comme si le succès du produit dépendait de son marketing ! Stratégiquement, c'est une obligation pour les entreprises : pourquoi ne pas utiliser une technique marketing qui augmente les ventes alors que le produit est similaire à celui du concurrent ? Il y a une course à l'influence parce qu'il est plus facile d'augmenter les ventes par le marketing que d'améliorer le produit. Le marketing règne.

Mais côté client, l'effet inverse se produit. Personne n'aime le marketing. Les clients s'en méfient, savent que les entreprises utilisent ces techniques pour les atteindre et influencer leurs décisions. Le marketing est vécu comme une manipulation, et même si les entreprises s'en défendent, c'est bien de cela dont il s'agit. Résultat : les clients cherchent aujourd'hui à s'extraire de son influence par tous les moyens : chaque fois qu'une technique marketing est utilisée parce qu'elle donne de bons résultats, une réponse apparaît côté client pour s'en protéger et annuler son impact. Un exemple que tout le monde connaît bien : la publicité en ligne, qui est aujourd'hui l'une des techniques de base utilisées par les entreprises pour capter des clients, provoque en réalité l'exaspération des internautes. Pour s'en protéger, les ad-blockers qui suppriment les publicités ont été inventés et sont sur le point d'être généralisés. Il ne sera bientôt plus possible de marketer *via* la publicité en ligne. Autre exemple : les comparateurs de prix. Il était encore possible il y a quelques années pour une entreprise de vendre ses produits plus cher que le marché grâce à des techniques marketing qui lui permettaient d'atteindre son client avant ses concurrents – l'effort déployé en marketing lui permettait d'augmenter sa marge. Des entrepreneurs ont alors inventé les comparateurs de prix, faisant ainsi converger les prix vers des niveaux similaires. Résultat : il n'est plus possible aujourd'hui pour une entreprise de vendre un produit similaire avec une différence de prix importante en utilisant des techniques marketing. Dernier exemple : le référencement. Les marketeurs cherchent à optimiser la visibilité de leur site ou de leur produit avec des méthodes (SEO) qui visent à plaire à l'algorithme des moteurs de recherche. Côté algorithme, les entreprises de référencement comme Google cherchent à évaluer la pertinence d'un site ou d'un produit en fonction d'une recherche neutre (Google est condamné lorsqu'il manipule les résultats). Ils améliorent leur algorithme pour empêcher les marketeurs de profiter de son fonctionnement pour mettre en avant leurs sites/produits et les punir s'ils le font : à terme, le référencement naturel tant prisé par les marketeurs ne pourra plus être utilisé ; un site sera bien référencé uniquement pour sa pertinence, pas grâce au travail du référenceur.

Il est vrai, qu'avec l'arrivée d'algorithmes de plus en plus sophistiqués, de l'intelligence artificielle et de données massivement disponibles, les professionnels du marketing vont pouvoir beaucoup mieux connaître leurs clients et donc concevoir des manières bien plus subtiles de les faire acheter. C'est d'ailleurs la conviction des directeurs marketing qui vantent les mérites de la data pour vendre toujours plus. Mais leur analyse est incomplète. Ces professionnels oublient que les clients aussi seront équipés d'algorithmes sophistiqués et d'intelligence artificielle pour se protéger de l'influence du marketing dans leurs décisions. À terme, il est probable qu'au moment d'une décision de consommation, un client soit prévenu par une notification qui lui dise : « Attention, tu es sur le point de te laisser guider par un marketing efficace, mais d'après ton profil et tes besoins réels, tu devrais reconsidérer ta décision. » Il est même probable que ces algorithmes agissent comme des filtres qui, d'après l'environnement du client, ne lui laissent parvenir que ce qui est pertinent pour lui d'après ses données personnelles, en bloquant toute tentative de manipulation marketing. Ces algorithmes devront être capables d'informer les clients de l'intention réelle d'une entreprise avec un score de confiance sur sa démarche. Plus les techniques marketing deviendront influentes, plus il y aura d'opportunités pour des entrepreneurs de créer des algorithmes à destination des clients pour qu'ils s'en protègent, jusqu'à annuler leurs effets. Un véritable marché des algorithmes émergera entre ceux qui auront pour objectif de nous influencer et ceux que nous devrons utiliser pour nous en protéger. La capacité d'influence de certains algorithmes de recommandation marketing est en effet aujourd'hui telle qu'il devient urgent de s'en protéger. Le géant du streaming Netflix utilise par exemple un algorithme d'intelligence artificielle pour recommander à ses utilisateurs le prochain film à regarder. Ses performances sont stupéfiantes ; après chaque film visionné, l'utilisateur a envie de regarder le suivant. Ce n'est pas un hasard. Comme l'a déclaré son CEO Reed Hastings, le concurrent principal de Netflix, ce ne sont ni les chaînes de télévision, ni Youtube... c'est votre sommeil !

Le marketing est une course entre les professionnels qui cherchent à influencer leurs clients et les clients qui cherchent à s'en défendre. L'écart entre les deux se réduira parce que les clients utiliseront les mêmes outils que les professionnels pour neutraliser leurs effets. Les algorithmes réduiront l'asymétrie d'information. Et parce que le digital repose sur des effets darwiniens de sélection de ce qui est adapté à l'environnement, il ne sera plus utile pour les entreprises d'avoir recours au marketing pour vendre. Pourquoi vouloir utiliser des techniques pour accroître le trafic d'un site, pour fidéliser des clients ou même pour chercher à se faire connaître alors que les forces naturelles du digital au travers des interactions des clients sur les plateformes en ligne font émerger le plus adapté en le sélectionnant et en le propageant ? Si le produit, le service ou le contenu est excellent, s'il est adapté à son environnement cible, alors il sera sélectionné sans l'aide du marketing. Le marketing sera devenu inutile.

La mort de la communication corporate

La deuxième conséquence de la clarification du signal est la disparition de la communication corporate. Quel effet produit une entreprise lorsqu'elle répète en boucle dans sa communication, ses présentations corporate et ses publicités que ses valeurs sont la proximité avec ses clients, l'innovation, la responsabilité, le respect, l'intégrité, l'esprit d'équipe – ou toute autre valeur de gendre idéal ? Réponse : l'effet exactement inverse à celui recherché. On ne la croit pas. On se dit que si elle a besoin de mettre en avant ces valeurs, c'est justement parce qu'elle ne les a pas et qu'elle aimerait les avoir, ou du moins faire croire à ses clients qu'elle les a. Personne n'est dupe. Le signal sonne faux. Et pourtant, les entreprises s'obstinent à adopter une communication corporate lisse et archaïque à coups de messages politiquement corrects et de banalités qui vantent des qualités qu'elles n'ont pas, en pensant qu'avec ce type de messages elles ne prennent pas de risque. C'est une erreur. Et pourtant, dans les relations entre individus, c'est une évidence : un leader charismatique n'a pas besoin d'évoquer son charisme, de la même manière qu'une personne honnête n'a pas besoin d'insister sur son honnêteté, sinon le signal envoyé est l'exact opposé et génère de la méfiance et du rejet. Lorsqu'une entreprise a besoin de communiquer sur des valeurs, sur la qualité de ses produits ou l'excellence de son service, la confiance de ses clients (certaines vont même jusqu'à citer leurs clients : « ils nous font confiance ») ou des prix/classements qu'elle a obtenus, c'est désormais un signe de faiblesse qui vise à masquer ses inaptitudes.

La communication corporate est devenue tellement absurde en se professionnalisant dans les départements communication des grands groupes, qu'elle est désormais source de disruption, elle sert aux disrupteurs à détecter de nouvelles opportunités. Chaque fois qu'une entreprise utilise la communication corporate, les entrepreneurs et les capitaux risqueurs cherchent l'incohérence de signal entre ce que dit l'entreprise et la réalité. Ils ne leur restent plus ensuite qu'à se positionner en face avec comme proposition de valeur : faire ce qui est revendiqué par l'entreprise en question, avec pour différence de le faire réellement. Par exemple, lorsqu'une société de transport ferroviaire se vante de la simplicité de son application de réservation de billets alors qu'en réalité ses clients en ont une expérience désastreuse, c'est une opportunité pour un disrupteur de créer un système de réservation de billets réellement simple : c'est l'arroseur arrosé, et c'est exactement ce qu'a fait la société Trainline, qui propose une expérience exceptionnelle de réservation de billets de train dans toute l'Europe. De la même manière, les banques (notamment en ligne) qui enjolivent leur communication pour prétendre qu'elles sont innovantes et qu'elles offrent des services de qualité aux tarifs justes sont attaquées par les FinTech qui connaissent l'exaspération de leurs clients et le niveau déplorable du service et conçoivent des services bancaires d'une qualité largement supérieure, à des prix beaucoup plus bas. Les sociétés N26 et Revolut par exemple, permettent d'ouvrir un compte bancaire en quelques minutes totalement en ligne, d'utiliser une carte de paiement internationale sans aucun frais (ni de change) dans le monde entier et de voir ses paiements en temps réel sur leur application. Comment les banques traditionnelles peuvent-elles ensuite être crédibles dans leur communication lorsqu'elles se disent les moins chères et mettent en avant des prix de consommateurs ?

Certains disrupteurs n'attendent pas que le décalage de signal soit visible pour forcer la disruption. Ils font le pari que ce décalage deviendra rapidement remarqué et intolérable par les utilisateurs et proposent de le corriger sans attendre. C'est ce que font le moteur de recherche DuckDuckGo ou la messagerie instantanée cryptée Telegram : ils parient tous les deux sur le fait que les géants de la Tech utilisent abusivement nos données personnelles et se positionnent en protecteurs de la vie privée. Si un scandale suffisamment grand éclate (imaginez par exemple que votre historique de navigation Internet, vos numéros de cartes bancaires ou vos analyses médicales se retrouvent accessibles publiquement en ligne), ils apparaîtront comme la solution à l'abus des géants et récupéreront tout le marché.

Désormais, les seules formes de communication tolérées par la disruption sont la transparence brute – y compris politiquement incorrecte – et l'honnêteté. Parce que ces dernières décennies, la communication corporate a subi un véritable revers de crédibilité, elle n'est plus prise au sérieux. De nombreux scandales, notamment dans les secteurs financiers, pharmaceutiques, agroalimentaires et automobile ont révélé les mensonges véhiculés par les entreprises. Lors d'un scandale, le rôle de la communication corporate est d'atténuer le choc dans l'opinion publique pour tenter de préserver l'image de l'entreprise, souvent en minimisant sa faute, jamais en l'avouant – d'utiliser les subtilités des éléments de langage pour paraître honnête tout en restant flou. Les disrupteurs refusent cette forme de communication désuète et jouent le jeu de la transparence. Par exemple, dans un spot publicitaire grand public, Uber, confronté aux phénomènes sociaux générés par sa disruption du marché des taxis, a reconnu ses erreurs : « Nous sommes parfois allés trop vite et nous n'avons pas toujours su écouter. » L'aveu a l'air banal, mais c'est un cas d'école : jamais une entreprise traditionnelle n'aurait accepté de reconnaître publiquement ses erreurs dans un spot publicitaire. Elle se serait contentée d'un discret communiqué de presse en croisant les doigts pour qu'il ne fasse pas de vague.

La communication corporate est morte. Certaines entreprises ne l'ont pas compris et continuent de s'en servir, au risque de se faire disrupter. Dire et répéter que l'entreprise est innovante pour le faire croire ne fonctionne plus : le signal se lit au travers d'algorithmes et de la foule connectée qui cherchent les preuves de ce que l'entreprise avance. Chaque inadéquation entre la communication d'une entreprise et la réalité est désormais un indice de disruption à venir inéluctable.

8

La connaissance
et l'expertise balayées
par l'empathie et l'attention

La connaissance est une commodité

La connaissance n'a plus de valeur. Non pas en soi évidemment, mais économiquement, parce qu'elle est aujourd'hui disponible en abondance et qu'elle est accessible très facilement et à un coût dérisoire. Google rassemble la connaissance mondiale en référençant les pages web et les documents et en les rendant accessibles *via* son moteur de recherche. Avec le projet Google Book, Google numérise depuis 2002 tous les livres de la planète – ceux issus des bibliothèques du monde entier avec qui des partenariats sont noués et ceux qui viennent d'être publiés. En 2015, l'entreprise avait numérisé plus de 30 millions de livres[1]. Il est désormais possible d'effectuer des recherches dans tous ces livres et d'en obtenir soit des extraits, soit la totalité. Depuis le projet Maps de

---

1. Tim Wu, « What Ever Happened to Google Books ? », *The New Yorker*, 11 septembre 2015.

2005, l'entreprise cartographie toutes les routes de la planète et les photographie une à une avec des voitures spécialisées pour permettre de voir les rues comme si on y était, depuis un ordinateur ou un smartphone. Depuis peu, elle propose aussi de visiter les lieux touristiques les plus fréquentés de la planète, et même l'intérieur des musées. Elle enrichit les cartes des villes de tous les services alentour : métros, restaurants, bars, magasins, pharmacies, hôpitaux, banques, etc., avec les informations pratiques comme les horaires et les avis d'autres utilisateurs. La connaissance biologique et médicale est également accessible au travers de sites comme Pubmed qui référence plus de 27 millions d'études. Il existe des bases de données de publications ouvertes et d'archives sur n'importe quel sujet, du juridique aux publications académiques de chaque spécialité, des données météorologiques à l'historique du trafic aérien. Wikipédia tente depuis sa création de structurer la connaissance mondiale sur tous les sujets sans exception et dans toutes les langues.

Conséquence de l'abondance de connaissance et de toutes les plateformes digitales, il est possible aujourd'hui à n'importe qui de se former à n'importe quel sujet. Les MOOC (Massive Open Online Courses) offrent des formations sur n'importe quel sujet, des plus techniques comme l'intelligence artificielle et la physique quantique, aux plus pratiques comme la prise de parole en public ou la création de startups. Certaines écoles ou universités prestigieuses comme Stanford ou le MIT ont même parfaitement saisi la fin de ce monopole. Elles offrent gratuitement leurs cours en ligne au monde entier sur des plateformes comme Coursera. Et évidemment, lorsqu'elles font passer les examens à leurs étudiants physiquement présents et à ceux suivants le cours en ligne, elles se rendent compte que la majorité des meilleurs résultats provient des étudiants suivant le cours en ligne à l'autre bout du monde y compris dans les pays les moins développés. L'école est en train de perdre son monopole dans la transmission de connaissance. Pire, elle serait un lieu de formatage intellectuel contraire à l'esprit de la disruption. Depuis 2010, Peter Thiel, l'entrepreneur co-fondateur de PayPal, offre même une bourse de 100 000 dollars (la Thiel Fellowship) aux étudiants prêts à abandonner leurs études pour poursuivre de vrais projets entrepreneuriaux, parce qu'il a compris qu'il est désormais possible de se former à tout en autodidacte sur Internet et surtout, que face à la disruption, il faut s'éloigner de la connaissance transmise à tous, pour aller au-delà et penser autrement. « L'université est un bon moyen d'apprendre ce qui a été fait auparavant, mais elle peut vous décourager de faire quelque chose de nouveau », dit leur site Internet. La connaissance engendre un paradigme de pensée dont il est très difficile de s'extraire.

« Le vrai pouvoir, c'est la connaissance », disait Francis Bacon pour affirmer que la connaissance donnait une capacité d'action sur le monde bien plus grande que la force physique. Jusqu'à encore récemment, cet adage était vrai et conférait un monopole de pouvoir à celui qui détenait la connaissance : on écoutait le sage du village parce qu'il avait la connaissance du passé ; on se faisait représenter par des avocats parce qu'ils connaissaient le droit et les institutions, on écoutait le professeur pour sa connaissance d'une matière, on allait chez le médecin parce qu'il était le seul à détenir la connaissance médicale. Tous ces monopoles de connaissance n'existent plus aujourd'hui, parce que la connaissance est partout. Et puisqu'elle est disponible, accessible, éclectique et abondante – la connaissance n'est plus un actif stratégique ni un facteur différenciant, c'est devenu une donnée dont tout le monde dispose à faible coût : une commodité. En revanche, même si la valeur économique de la connaissance a chuté, son utilisation requiert un élément qui lui a une valeur considérable : l'expertise. Nous continuons à faire appel à des médecins et à des avocats, non pas pour leur connaissance, puisqu'elle est accessible à tous en trois clics (sur les nombreux sites médicaux et juridiques), mais pour leur expertise, autrement dit pour leur capacité à comprendre et à traiter la connaissance. La valeur s'est déplacée : elle ne réside plus dans la connaissance en elle-même mais bien dans l'expertise. Plus pour longtemps...

L'expertise devient algorithmique

Parce que son coût d'acquisition est élevé (coût d'apprentissage, au travers de l'éducation ou de l'expérience) et que sa disponibilité est rare, l'expertise a encore aujourd'hui une valeur considérable. Mais comme la connaissance, l'expertise pourrait très vite elle aussi devenir une simple commodité accessible à tous.

Avec l'arrivée de l'intelligence artificielle, chaque expert dans son domaine respectif entraînera, apprendra à l'algorithme à se comporter comme lui, à raisonner comme lui, à reconnaître comme lui : l'expert va transférer son expertise à l'algorithme.

Chaque expert, dans la phase d'apprentissage, va superviser l'algorithme pour lui confier progressivement son expertise, jusqu'à ce que l'algorithme l'égale puis le dépasse. Vous n'irez plus chez le médecin pour qu'il vous diagnostique et vous prescrive un traitement : l'intelligence artificielle de votre smartphone saura effectuer un diagnostic beaucoup plus fiable et précis que n'importe quel médecin et vous proposera le traitement approprié, puisqu'elle aura été entraînée par des milliards de diagnostics et qu'elle aura à sa disposition toute la connaissance médicale et les articles scientifiques les plus récents. L'intelligence artificielle qui vous diagnostiquera contiendra plus de connaissances et une expertise plus poussée que celles des cerveaux de tous les médecins de la planète réunis.

Reconnaître son environnement, comprendre le langage et s'exprimer, raisonner, mémoriser, réaliser des tâches, trier, créer... Toutes nos fonctions cognitives sont progressivement en train d'être réalisées par l'intelligence artificielle. Peu importent le domaine et la qualité d'un expert, l'abondance de connaissances est telle qu'il sera de plus en plus difficile et bientôt impossible pour lui de traiter un sujet avec une vision exhaustive ; nos capacités cognitives sont largement insuffisantes, l'algorithme sera meilleur que nous. À terme, l'expertise sur n'importe quel sujet sera entièrement confiée à l'intelligence artificielle. D'abord l'algorithme augmentera l'expert (pensons à l'assistance à la conduite dans les voitures), ensuite toute l'expertise lui sera confiée (la voiture est entièrement autonome, sans chauffeur).

Il est tentant de croire que l'expertise algorithmique sera réservée à une élite ayant déjà une expertise sur l'intelligence artificielle ou la programmation informatique. En réalité, même les experts informatiques et les programmeurs se feront disrupter par l'intelligence artificielle. Il existe déjà des intelligences artificielles capables de générer d'autres modèles d'intelligence artificielle[1] ainsi que des intelligences artificielles comme DeepCoder capables d'écrire leur propre code informatique[2]. Demain, plus personne ne programmera des machines et des logiciels comme aujourd'hui avec du code complexe, qui nécessite une expertise et une formation adaptée. Chris Wanstrath, le CEO de Github, la plus grande plateforme au monde d'hébergement, d'échange et de partage de code informatique, utilisée par les programmeurs du monde entier, a déclaré en 2017 que « le futur du code est plus de code du tout »[3]. Il ne voulait pas dire que le code va disparaître – les machines fonctionneront toujours avec du code – mais que l'automatisation sera tellement importante que le métier de programmeur consistera à

---

1. https://research.googleblog.com/2017/05/using-machine-learning-to-explore.html

2. https://arxiv.org/pdf/1611.01989.pdf

3. Becky Peterson, « The CEO of GitHub, which caters to coders, thinks automation will bring an end to traditional software programming », *Business Insider*, 11 octobre 2017.

entraîner la machine à manipuler des concepts de haut niveau, comme on apprend les maths à un enfant. À terme, chacun pourra entraîner une intelligence artificielle à réaliser des tâches et à atteindre des objectifs en langage naturel ou en lui montrant comment faire. De la même manière que nous pouvons tous contribuer à la connaissance mondiale en alimentant Wikipedia, nous allons tous participer à l'éducation des algorithmes d'intelligence artificielle on les éduquant. C'est d'ailleurs ce que nous faisons déjà lorsque nous ajoutons des hashtags à nos photos sur les réseaux sociaux : nous indiquons à l'algorithme ce qui se trouve sur la photo pour qu'il puisse s'entraîner tout seul ensuite à reconnaître ce qui se trouve sur la photo en agrégeant tous les hashtags. Les experts entraîneront les algorithmes à développer leur propre expertise. Les médecins aideront leurs algorithmes à reconnaître des cancers sur les images médicales, les programmeurs aideront les leurs à générer leur propre code, les avocats les aideront à conduire un raisonnement juridique, les experts-comptables à tenir une comptabilité et les psychologues à reconnaître les névroses et les pathologies de leurs patients en les écoutant et en analysant leurs émotions en fonction de leur voix et de leurs micro-expressions faciales.

L'expertise constituait le fondement de la valeur ajoutée des sociétés modernes, surtout dans le secteur tertiaire. Pour créer plus de valeur ajoutée, les entreprises se faisaient une guerre des talents en recrutant très cher les cerveaux les plus performants et les expertises les plus pointues. Avec l'arrivée de l'intelligence artificielle disponible en abondance, le prix de l'intelligence humaine va chuter. L'intelligence ne sera plus un facteur différenciant dans l'entreprise puisque l'intelligence deviendra une commodité accessible à tous dans un *cloud*, comme on accède aujourd'hui à Google. La concurrence entre entreprises ne reposera plus sur une bataille de cerveaux et de talents puisque toutes utiliseront les mêmes algorithmes d'intelligence artificielle : Jeff Bezos, le CEO d'Amazon, a indiqué[1] que tous les algorithmes d'intelligence artificielle les plus avancés seront mis à disposition de leurs clients directement dans les serveurs d'Amazon. Chacun sera sur un pied d'égalité en termes de maturité technologique et d'accès à l'intelligence artificielle. Le rôle des entreprises sera d'inventer de nouveaux usages et de nouveaux services en utilisant ces algorithmes d'intelligence artificielle fournis par les géants de la Tech, comme aujourd'hui ils fournissent les systèmes d'exploitation de nos ordinateurs et de nos smartphones.

Les géants de la Tech continueront eux à se faire une concurrence féroce pour développer les algorithmes d'intelligence artificielle les plus puissants au monde pour les entreprises. Ils vont se battre pour que les entreprises utilisent les leurs.

L'empathie : la nouvelle valeur

Vous n'irez plus chez votre médecin pour son expertise médicale. Il ne fera plus de diagnostics

---

1. « Amazon's Jeff Bezos : "AI is a Technological Renaissance to Industry and Society" », Internet Association, 2017, www.youtube.com/watch?v=fj-0ZJ5apO8

ni ne prescrira plus de traitements puisque l'intelligence artificielle s'en chargera. En revanche, vous irez toujours dans son cabinet parce qu'il vous écoute, vous rassure, parce que vous avez une relation empathique et de confiance avec lui : personne ne voudrait subir l'annonce d'un cancer de la part d'un algorithme. Le médecin gardera une relation privilégiée avec chaque patient pour l'accompagner psychologiquement et émotionnellement à chaque étape d'une maladie.

Même chose pour votre avocat : il ne s'occupera plus de la recherche et du raisonnement juridique pour vous défendre, l'algorithme le fera bien mieux que lui et saura même attribuer des probabilités de raisonnement d'un juge sur une affaire. Mais à terme, lui aussi devra se concentrer sur l'excellence de la relation qu'il entretient avec vous et sur la plaidoirie qu'il prononcera devant des humains : l'humain à l'humain, la technique à la machine.

Puisque la connaissance est déjà une commodité, que l'expertise le deviendra bientôt et qu'aucune n'auront plus de valeur économique, les entreprises et les individus vont devoir se différencier et apporter de la valeur sur ce qui reste une prérogative de l'humain : l'empathie. L'enjeu pour chacun, comme pour toutes les entreprises, sera d'oublier leurs produits, leurs services, leurs savoir-faire et leur expertise, de ne plus chercher à vendre quoi que ce soit, mais de chercher à comprendre leurs clients en se mettant à leur place pour leur apporter une relation humaine exceptionnelle, qui leur fasse éprouver des émotions positives et qui génère un lien de confiance solide. Lors d'une interaction, chacun devra se sentir unique, écouté et valorisé. Puisque le digital exacerbe la concurrence et uniformise les produits et services adoptés par le marché, la différence de valeur ne pourra se faire qu'en offrant une relation de qualité exceptionnelle qui reposera sur un lien de confiance fort, sur l'honnêteté et sur l'empathie. Le niveau d'empathie élevé qui existe aujourd'hui dans le secteur du luxe deviendra la norme minimum dans tous les secteurs. On en voit les premiers signes (encore modestes mais encourageants) dès aujourd'hui, notamment avec les taxis. Un chauffeur de taxi n'a plus besoin de connaître son secteur géographique pour transporter ses clients : le GPS le guide. Il n'a plus besoin non plus de connaître les sens interdits, les rues en travaux ou les probabilités d'embouteillage : les algorithmes s'en chargent aussi. Il lui reste à offrir une expérience humaine exceptionnelle à son client selon ses envies : être à son écoute, le faire rire (ou pas), le rassurer, le détendre, être poli... La conduite est le service payé, mais même si elle est de qualité, elle n'est pas différenciante. Les experts qui chercheront à maximiser leur chiffre d'affaires sans se concentrer sur une empathie sincère disparaîtront. De la même manière, chaque service délivré sans envie ni sincérité n'aura aucune chance de continuer à être sélectionné par sa cible : chacun a en tête un professeur qui l'a profondément marqué, non seulement par l'excellence de son enseignement d'un point de vue technique, mais surtout pour la qualité de la relation qu'il entretenait avec ses élèves, la passion communicative qu'il avait pour sa matière, sa capacité à donner envie avec enthousiasme. Cet enthousiasme sincère sera le niveau d'intelligence émotionnelle minimum requis dans tous les secteurs. Un bon avocat ne sera plus un avocat techniquement bon mais humainement excellent.

Pour s'y préparer, les entreprises devront recruter et former à l'excellence émotionnelle. Elles devront travailler avec des psychologues, des philosophes, des artistes, d'excellents communicants et autres professionnels des *soft skills* pour apprendre à se mettre à la place de leurs clients et créer cette relation exceptionnelle. Les profils les plus recherchés seront capables de nouer des relations de confiance solides et de donner envie. « Mettre l'humain au centre », comme le disent beaucoup d'entreprises aujourd'hui, n'a aucun sens si l'empathie n'est pas déjà parfaitement maîtrisée à titre individuel. Tous ceux qui ne maîtriseront pas l'empathie seront sans activité à l'heure de l'intelligence artificielle.

Le piratage de votre attention :
valeur ultime

Alors que la connaissance et l'expertise ne valent plus rien parce qu'elles sont disponibles en abondance, une chose reste rare : votre temps, parce qu'il est limité. En théorie, il vous reste le choix dans la manière d'employer votre temps, votre cerveau peut choisir sur quoi porter votre attention. En théorie. Parce que les géants de la Tech ont bien compris que l'attention était la monnaie de notre époque. Tout comme les publicitaires du XXe siècle étaient obsédés par votre temps de cerveau disponible, eux sont obsédés par votre attention et cherchent à l'accaparer par tous les moyens en transformant l'usage de leurs produits en addiction. Leur objectif est de vous faire passer le maximum de votre temps sur leur produit ou leur service. Lorsque vous ouvrez Facebook, les articles qui apparaissent sous vos yeux vous plaisent, vous rassurent ou au contraire vous choquent, mais ils ne vous laissent pas indifférents : vous cliquez, vous lisez, vous likez, mais quoi qu'il arrive vous êtes enfermés dans un biais de contenus dont le seul but est de satisfaire vos goûts ou vos envies du moment sans vous laisser le choix de dire non. Vous pouvez faire défiler votre fil de contenus et scroller à l'infini, il y aura toujours de quoi capter votre attention : article, photo, vidéo (qui se déclenche maintenant automatiquement pour ne vous laisser d'autre choix que de la regarder une fois lancée). Les notifications sont rouges parce qu'elles rappellent un signal d'alerte à désactiver, et cela vous apaise de ne plus en avoir. Netflix et Youtube vous suggèrent toujours plus de contenus vidéo personnalisés à découvrir, et à chaque fois la recommandation est pertinente ; la confiance que vous leur accordez se renforce et votre engagement augmente, vous suivez leurs prochaines recommandations parce que l'habitude est créée. Tous ces usages sont conçus pour engendrer des comportements compulsifs, rapides et inconscients : sortir votre smartphone, le déverrouiller, ouvrir vos réseaux sociaux ou vos applications de contenus, vérifier vos notifications, votre nombre de *likes* et vos derniers messages. À chaque action de votre part dans ce jeu interminable, votre cerveau libère de la

dopamine, la molécule du plaisir, de la motivation et de l'exploration. Toutes ces actions pourraient être automatisées par des algorithmes
et vous libérer du temps, mais au contraire, ces
applications sont conçues pour vous faire jouer
comme dans un casino en vous procurant plaisir
et soulagement à chaque action et vous faire
revenir pour recommencer : c'est un piratage insi-
dieux de votre cerveau avec votre consentement
inconscient.

La démarche des disrupteurs de la Tech est
volontaire : ils se forment dans des laboratoires
spécialisés comme le Stanford Persuasive Tech
Lab qui produit des recherches sur les meilleures
techniques pour retenir et contrôler l'attention
d'utilisateurs à leur insu afin d'influencer leurs
convictions et de changer leurs comportements.
Ils proposent des cours comme « la psychologie
de Facebook »[1] ou encore « la conception de technologies qui induisent le calme ».[2] Et comme la
concurrence est féroce entre ces spécialistes de
la Tech, le niveau de manipulation pour contrôler
notre attention à notre insu augmente, à tel point
que d'anciens responsables de produits chez ces
géants tirent la sonnette d'alarme et partent en
croisade contre l'abus de ces techniques pour
nous manipuler. Tristan Harris a quitté Google
après trois ans de travail sur l'éthique et la philosophie des produits pour sensibiliser l'opinion
aux techniques utilisées par les sociétés de technologies et l'industrie des médias pour détourner

---

1. http://captology.stanford.edu/teaching/about-teaching.
html

2. http://calmingtechnology.org/course

notre attention. Il a créé Time Well Spent[1] pour inciter les utilisateurs à reprendre le contrôle de ce qu'ils ont de plus précieux – leur temps – et cherche à provoquer une prise de conscience planétaire des abus de ces sociétés de technologies pour les contraindre à respecter des règles d'éthique qui respectent notre temps et notre attention lors de la conception des produits. Il suggère notamment que les applications nous aident à nous déconnecter tout en n'oubliant jamais de nous informer de quelque chose d'important, ou encore de nous proposer des informations plus profondes et pertinentes plutôt qu'une suite infinie d'articles superficiels qui ne cherchent qu'à maximiser le nombre de clics et de *likes*.

Ce débat sur le devoir de se protéger face à l'influence des entreprises et des marques existe depuis les débuts du marketing et de la publicité de masse : les chaînes de télévision se battent pour les parts d'audience comme les marques se battent pour les têtes de gondole en magasin. Mais il est aujourd'hui exacerbé parce que ces technologies sont avec nous partout et à chaque instant. Même si nous avons la possibilité de nous déconnecter, elles sont conçues pour que notre cerveau le refuse, comme une drogue qui engendre une sensation de manque. Auparavant, les marques étaient en concurrence pour recueillir notre choix de manière ponctuelle : une chaîne de télévision ou un article en magasin. Mais cette fois, ce sont toutes les applications de nos smartphones et toutes les ressources d'Internet qui sont en

1. www.timewellspent.io

concurrence à chaque instant pour notre attention. Les choix sont abondants, trop nombreux, et nous avons peur de manquer l'information la plus pertinente, le produit, le contenu ou le meilleur événement. Pire, nous voulons tout voir et tout faire et cela génère de l'anxiété et le fameux FOMO (*Fear of Missing Out*). À force d'utiliser ces technologies de manière intensive, notre cerveau est transformé dans des mesures que nous ne comprenons pas encore très bien mais qui inquiètent jusqu'à leurs concepteurs eux-mêmes. Dans une interview de 2009, Eric Schmidt, le CEO de Google, évoquait déjà ses inquiétudes : « J'ai peur que le niveau d'interruptions, la rapidité incroyable de l'information et surtout de l'information stressante n'affecte notre cognition, que cela affecte notre capacité à avoir des réflexions profondes. Je reste convaincu que le meilleur moyen d'apprendre vraiment quelque chose est de s'asseoir et de prendre un livre, et j'ai peur que nous soyons en train de perdre cela. »[1] Depuis cette interview, l'accélération n'a fait que s'amplifier.

---

1. https://charlierose.com/videos/22477

9

Accélération exponentielle : votre nouvelle norme

Accélération de la mondialisation

La disruption va vite. Elle ne tolère que la vitesse, impose l'accélération et punit tous les acteurs qui ne lui emboîtent pas le pas en les rendant obsolètes. Jamais dans l'histoire autant de changements et de transformations n'ont eu lieu aussi rapidement et simultanément.

La puissance de la technologie progresse à un rythme exponentiel et se diffuse partout comme une commodité. Le nombre d'individus et d'entreprises connectées n'a jamais été aussi important. De 30 % en 2010, c'est depuis juin 2017 près de la moitié de la planète qui est connectée à Internet[1]. Cet accroissement de la population connectée entraîne une augmentation massive des interactions, de la circulation d'informations et des données générées, l'émergence rapide de nouvelles idées qui se diffusent et en fécondent d'autres

---

1. UNESCO, « World Trends in Freedom of Expression and Media Development », Global Report 2017/2018.

dans des secteurs différents et surtout la possibilité à tous les talents de s'exprimer et de participer à la résolution de problèmes qui se posent n'importe où sur la planète. De la même manière que l'imprimerie a amplifié la diffusion des idées, Internet décuple cette diffusion à un niveau global et presque instantané. Chaque découverte dans un domaine se partage immédiatement et peut rapidement être répliquée et utilisée dans d'autres domaines. Les mouvements Open Source et Creative Commons qui militent pour un accès libre à la connaissance et à son utilisation accélèrent l'innovation dans tous les milieux. Les programmeurs par exemple, réutilisent des librairies et des algorithmes développés et partagés par d'autres et créent des API[1] pour permettre l'utilisation des fonctions de leurs programmes ; Google met à disposition du monde entier sa cartographie Google Maps afin que les entrepreneurs puissent l'utiliser pour bâtir de nouveaux services. Chacun se sert de la connaissance et des outils créés par d'autres pour créer à son tour. Ces mécanismes d'innovations qui s'empilent sur les précédentes ont toujours eu lieu mais ils s'accélèrent puisque désormais, la contribution de chacun est accessible facilement et gratuitement sous forme d'héritage universel que tout le monde peut réutiliser.

La diffusion de produits, de services, d'idées et de connaissances s'accélère, amplifiée par la technologie qui est aussi adoptée à des rythmes toujours plus rapides : pour atteindre 50 millions d'utilisateurs, il a fallu 75 ans au téléphone, 38 ans à la radio, 13 ans à la télévision, 4 ans à Internet,

---

1. Application Programming Interface.

3 ans et demi à Facebook, 6 mois à Instagram et 19 jours à une application comme Pokemon Go.[1] En combinant toujours plus d'individus connectés, de puissance technologique, une connectivité de plus en plus rapide et facilitée, le digital accélère et amplifie la mondialisation. Les connaissances de tous les domaines se fécondent pour engendrer d'autres connaissances en un mécanisme de génération constante de synergies. Ce qui au cours des siècles se diffusait sur plusieurs années et mettait plusieurs générations à changer le visage d'une société a désormais lieu en quelques mois. Le feedback est permanent, à chaque émergence d'une nouvelle connaissance elle est adoptée ou rejetée, transformée, réutilisée et combinée pour donner naissance à toujours plus de connaissance. Ce qui est utilisé dans un domaine avec succès débloque l'innovation dans un autre et produit des débouchés à un rythme croissant. Les échelles sont globales et les effets systémiques : un produit, un algorithme et ou une application peut toucher plusieurs milliards d'individus d'un seul coup.

Accélération invisible

Le problème de l'accélération, c'est que nous ne la voyons pas. Notre cerveau est doté d'une capacité d'adaptation considérable. Sa plasticité lui permet de se remodeler selon les circonstances et les époques. Mais cette capacité

---

1. Maya Kamath, « To reach 50 million users Telephone took 75 years, Internet took 4 years however Angry Birds took only 35 days », TechWorm.net, 13 mars 2015.

d'adaptation est tellement performante qu'elle nous aveugle sur la vitesse du changement de la période actuelle. La vitesse est notre nouvelle norme, mais notre cerveau nous la fait percevoir comme l'inertie. D'abord parce que même si notre cerveau est capable de s'adapter dynamiquement aux circonstances, il nous présente le monde de manière stable, repère spontanément la globalité et non les détails, cherche à reconnaître des schémas connus en les anticipant par son expérience passée parce qu'il préfère reconnaître qu'être surpris.[1] Il n'est pas capable de traiter trop d'informations en même temps et serait par exemple capable de n'entretenir des relations sociales qu'avec un nombre limité d'individus (autour de 150 selon Dunbar[2]). Notre réalité est filtrée pour la stabilité, la globalité et la simplicité. Cette recherche de stabilité explique que nous construisons des références solides auxquelles nous croyons, ancrées en nous et qui nous empêchent de voir le changement : nous restons biaisés dans notre vision du monde. Hans Rosling l'a montré par exemple dans une conférence de 2006 où il expliquait que notre vision des pays en développement et les statistiques que nous leur attribuons sont très éloignées de la réalité.[3] La

---

1. Fraser W. Smith, Lars Muckli, « Nonstimulated early visual areas carry information about surrounding context », PNAS, novembre 2010, 107 (46) 20099-20103.

2. R.I.M. Dunbar, « Neocortex size as a constraint on group size in primates », *Journal of Human Evolution*, Vol. 22, Issue 6, juin 1992, pages 469-493.

3. Hans Rosling, « The best stats you've ever seen », TED, 2006.

vision que nous avons de ces pays reflète leur état à l'époque où nous en avons eu connaissance, souvent à l'école ; nous sommes biaisés à imaginer qu'ils aient pu se développer entre-temps, y compris à des rythmes soutenus et pour certains jusqu'à sortir de la pauvreté. Notre cerveau reste bloqué sur des images du passé. Ce biais cognitif, nous l'avons à chaque arrivée d'une nouvelle technologie : notre cerveau cherche à plaquer des schémas connus pour l'appréhender, or si cela ne correspond à rien dans nos références, nous sommes incapables d'imaginer son potentiel et ses applications ; ce n'est qu'une fois démocratisée que la valeur d'une innovation nous apparaît comme évidente. Le rôle des disrupteurs est justement de voir cette valeur avant tout le monde.

Notre cerveau est également biaisé dans sa capacité à appréhender la vitesse du changement parce que jamais les sociétés n'ont connu autant de changements aussi rapides. Les changements précédents s'étalaient sur plusieurs générations ; il fallait plusieurs décennies pour que des innovations techniques se diffusent et chaque génération était adaptée à son époque. Notre cerveau est habitué à la lenteur, il a une conception linéaire du monde et est incapable d'appréhender l'exponentiel. Nous avons tendance à imaginer que le futur se déroulera au même rythme que le passé, que les changements des deux prochaines années auront lieu à la même vitesse et dans les mêmes proportions que ceux des deux dernières. Alors que le changement est cumulatif et l'accélération exponentielle. Ce qui adviendra durant les deux prochaines années aura peut-être plus d'impact que ce qui est advenu durant les cinq ou dix dernières. Il est d'ailleurs frappant de voir à quel point les experts de nombreux domaines font appel au passé pour contredire le futur en imaginant qu'il sera obligatoirement une répétition du passé : à chaque évènement (crise économique, bulle financière, élection, nouveau produit ou nouvelle technologie, nouvelle tendance sociétale, etc.), ils utilisent des analogies, des modèles et des exemples du passé pour expliquer comment l'événement en question va se dérouler ou pourquoi la nouveauté sera un échec. À chaque fois, ils ont tort. Notre cerveau s'attend au connu, mais face à l'accélération exponentielle des changements que nous vivons, rien ne se répète et c'est l'inattendu qui se produit.

La dernière raison pour laquelle nous sommes incapables d'appréhender l'accélération du changement est que notre cerveau s'adapte tellement bien à notre environnement immédiat qu'il nous fait oublier notre ancien environnement. Nous oublions que les technologies et les innovations que nous utilisons et qui nous semblent presque naturelles aujourd'hui étaient inimaginables il y a encore quelques années : si nous avions dit à nos ancêtres qu'à l'avenir nous pourrions nous parler et nous voir dans le creux de la main à deux endroits différents de la planète en même temps, ils nous auraient pris pour des fous et des rêveurs. Nous vivons exactement cette erreur avec l'accélération actuelle : nous sommes incapables d'imaginer à quel point le monde en sera transformé, ne serait-ce que dans les années qui viennent et toute prospective paraît relever de la science-fiction, alors qu'une fois visible et démocratisée, chaque technologie semble naturelle. Il faut relire les journaux d'époque pour comprendre à quel point nous nous sommes régulièrement trompés sur les possibilités technologiques et leur arrivée précoce. S'ils avaient été justes, jamais nous n'aurions pu construire de trains à grande vitesse parce que la vitesse aurait fait exploser nos tympans avec la pression, jamais nous n'aurions pu aller sur la Lune ni sur Mars, jamais nous n'aurions pu séquencer et encore moins modifier le génome humain.

Nous nous inquiétons de l'ampleur des problèmes qui se posent à nous, mais nous les résolvons ou les rendons obsolètes, puis d'autres apparaissent. Et comme notre cerveau est fait pour s'attaquer aux problèmes et aux dangers, nous oublions rapidement tous ceux que nous avons résolus pour concentrer notre inquiétude sur les nouveaux.

L'instantanéité à tout prix

Notre cerveau n'est pas capable d'anticiper l'accélération du changement à venir. Mais confronté à un nouveau rythme, il en adopte naturellement les codes. Il y a en outre une véritable prise de conscience sur la valeur du temps : il est limité et chaque moment écoulé ne peut être regagné. La disruption ne tolère plus l'attente ni le temps inutilement perdu ou mal utilisé : elle revalorise le temps. Chaque instant doit donc apporter le plus de valeur possible, concentrée en un temps le plus restreint possible. Les appels téléphoniques déclinent[1] au profit des SMS, qui déclinent eux-mêmes au profit d'applications de messageries instantanées comme Whatsapp, encore plus fluides et rapides. Laisser des messages vocaux sur répondeur est devenu inefficace et chronophage[2] – les répondeurs téléphoniques disparaîtront d'ici quelques années. Grâce à la publication en direct et à la concision des messages en 280 caractères, les médias comme Twitter symbolisent le monde de la vitesse et de l'instantanéité. La rapidité de la livraison en ligne bat sans cesse des records, et impose progressivement le seuil de 2 heures comme standard au-dessus duquel il sera bientôt intolérable d'être livré. L'ultime limite dans l'usage du temps est celle imposée par nos sens. Pour s'en affranchir et engendrer des interactions toujours plus rapides, Facebook a annoncé en 2017 le développement d'une interface cerveau-machine qui capte nos ondes cérébrales pour nous permettre d'échanger des messages sur sa plateforme directement par la pensée.[3]

Ce dogme de la vitesse et de l'instantanéité engendre de nouvelles exigences. Nous ne tolérerons bientôt plus l'attente, qu'il s'agisse des caisses au supermarché, des réponses à nos

---

1. Alexia Tsotsis, « The Phone Call Is Dead », TechCrunch. com, 13 novembre 2010.

2. « Who still listens to their messages ? Phone carrier reveals the death of voicemail », DailyMail.co.uk, 4 septembre 2012.

3. Josh Constine, « Facebook is building brain-computer interfaces for typing and skin-hearing », TechCrunch.com, 19 avril 2017.

messages Whatsapp ou de la sortie d'un produit. Netflix va jusqu'à diffuser tous les épisodes de chaque saison de ses séries en une fois, tant l'attente entre chaque épisode est devenue intolérable. La vitesse a tué le feuilleton. Pour les entreprises, cela implique une réduction du délai de mise sur le marché (*Time To Market*) et des cycles business beaucoup plus courts. Les entreprises doivent lancer leurs produits rapidement sur le marché même s'ils ne sont pas totalement aboutis : pour les sociétés technologiques ce sont des versions bêta, mais dans d'autres industries, l'exigence de rapidité pousse à sortir les produits non finis, voire dangereux. La première version de la Tesla Roadster était un désastre et était même dangereuse selon son créateur Elon Musk.[1] Quant au smartphone Samsung Note 7, il a provoqué un scandale mondial à cause de ses batteries qui explosaient et prenaient feu.[2] Les entreprises préfèrent confronter rapidement leurs produits au marché puis itérer sur les prochaines versions au détriment de la qualité et au risque de mettre en danger leurs clients. Reid Hoffman, le co-fondateur de LinkedIn le répète souvent : « si vous n'avez pas honte de votre produit, c'est que vous l'avez sorti trop tard ». Il n'y a plus de temps pour la réflexion stratégique ; les décisions sont immédiates et la trajectoire s'ajuste en route. Les

---

1. Bob Sorokanich, « Elon Musk Admits to Shareholders That the Tesla Roadster Was a Disaster », RoadandTrack. com, 1er juin 2016.

2. Maribel Lopez, « Samsung Explains Note 7 Battery Explosions, And Turns Crisis Into Opportunity », *Forbes*, 22 janvier 2017.

stratégies business à moyen terme sont caduques parce que désormais seule l'adaptation à cette nouvelle exigence de rapidité est récompensée au péril de l'entreprise en cas de scandale. Les disrupteurs affirment ce besoin d'aller toujours plus vite. L'entrepreneur Peter Thiel l'a dit : auparavant il était possible de prévoir d'atteindre ses objectifs en dix ans ; il est désormais indispensable de se demander comment y arriver en six mois.

Rythme insoutenable et incertitude

« Dans la Silicon Valley les gens sont obsédés par la vitesse du changement technologique [...] En tant qu'humains, je ne crois pas que l'on souhaite un changement aussi rapide. »[1] C'est en ces mots que Sundar Pichai, le CEO de Google, décrit le nouveau rythme imposé par la technologie. L'accélération technologique est contradictoire. Elle est exigée par des utilisateurs qui souhaitent des services à haute valeur ajoutée qui leur libèrent du temps, mais elle est en même temps insoutenable à titre collectif. Les entreprises et les États hésitent avant d'investir dans de nouvelles technologies : faut-il investir dès maintenant et prendre le risque de devoir maintenir et remplacer une technologie qui devient obsolète de plus en plus vite ou faut-il attendre et payer cher le coût de cette attente pour profiter d'une technologie plus avancée ? Ce dilemme a

---

1. Jemima Kiss, « Google CEO Sundar Pichai : "I don't know whether humans want change that fast" », *The Guardian*, 7 octobre 2017.

toujours donné lieu à des réflexions stratégiques de la part des entreprises et des États, mais la vitesse est désormais telle qu'il est impossible d'y répondre : le hasard et l'adaptation par essais/ erreurs deviennent les seuls recours. Comme les entrepreneurs, il faut aller vite et pivoter en cours de route selon la réception par le marché.

En outre, la vitesse exacerbe la compétition et génère de nouvelles bulles technologiques avec les comportements à risques associés. Intelligence artificielle, blockchain, Internet des objets, informatique quantique... il faut investir vite et ne surtout pas rater les opportunités, mais personne n'a le temps de se former à chaque nouveau sujet. Les investisseurs se font parfois flouer par des entrepreneurs qui dissimulent la réalité de leur produit mais en étant contraints d'aller vite, ils n'ont pas le temps de comprendre ces nouvelles technologies et investissent les yeux fermés. Tous ces comportements irrationnels dans un environnement dans lequel il est difficile de suivre les changements rapides et les dernières innovations provoquent des décisions hâtives et erronées : la plupart des États tentent par exemple de mettre en place des stratégies nationales sur l'intelligence artificielle pour figurer à terme parmi les leaders mondiaux, comme si le sujet était nouveau et qu'il fallait s'y positionner dès aujourd'hui : en réalité, les États-Unis et la Chine sont déjà largement leaders depuis plusieurs années.

Les institutions, anciennes, créées pour fonctionner dans un monde relativement lent et stable, ne sont plus adaptées à la vitesse inouïe de l'accélération technologique, et sont à la source d'une inadéquation majeure. L'école forme toujours à des métiers dont nous sommes certains dès aujourd'hui qu'ils vont disparaître d'ici quelques années avec l'arrivée de l'intelligence artificielle, comme les comptables ou les radiologues. Le fonctionnement de la démocratie ne fait presque aucun usage de la technologie alors que tout est à repenser : élections, modes de représentation, prérogatives, durées des mandats et consultation. Même si les institutions sont garantes d'une stabilité indispensable des sociétés, elles sont aujourd'hui un frein à leur développement et ne protègent plus face aux risques de toutes ces technologies dont l'influence et le pouvoir grandissent aussi vite que leurs progrès.

10

Inversez vos croyances RH

La chute des premiers de la classe

Pour survivre face à la disruption et (se) disrupter elles-mêmes, la majorité des entreprises
ont un problème : leurs employés sont les mêmes.
Elles adorent mettre en avant leur diversité, leur
recrutement de profils variés, atypiques, d'âges et
de parcours différents, de formations académiques
différentes, de cultures différentes et évoquent avec
fierté la parité de leurs équipes. Les recruteurs
pensent même être innovants lorsqu'ils inversent les
habitudes de recrutement de l'entreprise en recrutant des profils littéraires au lieu de scientifiques et
inversement. En réalité, même si tous ces employés
ont des profils différents, ils ont en général un point
commun mortel face à la disruption : ils ont peur de
prendre des risques, alors que la disruption exige la
prise de risque. Et les entreprises sont responsables
de cette ressemblance des profils face au risque
à cause de leur manière de les recruter. Elles font
preuve d'un biais de sélection et se condamnent à
recruter des candidats à l'opposé de ce qu'il leur
faudrait pour faire face à la disruption.

La première erreur est de chercher à recruter des employés sur des critères académiques précis : un diplôme, une école, une formation ou des résultats scolaires minimum. L'excellence d'un candidat est même recherchée au travers d'un parcours académique lisse, sans faute, au cours duquel toutes les cases sont cochées, si possible avec les meilleures notes. Le problème, c'est que ces parcours lisses et soignés traduisent l'obéissance aux normes, le respect des règles, la capacité à penser dans le cadre enseigné, à résoudre des problèmes et à optimiser des processus, autrement dit la non prise de risques intellectuels et d'action. La disruption requiert exactement l'inverse : une désobéissance aux normes, un contournement des règles, la volonté de sortir du cadre de référence, de poser de nouvelles questions au lieu de chercher à résoudre les problèmes existants, la volonté de rendre les processus obsolètes, de s'en débarrasser au lieu de les optimiser. La disruption signe la fin des premiers de la classe, excellents à penser dans le cadre qu'on leur impose, pour laisser la place aux agitateurs curieux qui veulent inventer un nouveau monde. De nombreux cadres arborent fièrement leur appartenance à leur école de sortie sur leurs profils LinkedIn et Twitter en se signalant comme « Alumni de » ou « diplômé de », comme pour marquer leur rattachement à une forme de caste ou de noblesse. Certains jeunes entrepreneurs, par provocation, tournent cette habitude en dérision en mentionnant avec fierté « *college dropout* » sur les leurs pour affirmer qu'à l'image d'autres disrupteurs comme Steve Jobs (Apple), Bill Gates (Microsoft), Mark Zuckerberg

(Facebook) ou Travis Kalanick (Uber), ils ont eux aussi lâché leurs études pour prendre des risques et créer autre chose. L'école ne forme pas à la disruption ; elle sélectionne et récompense ceux qui savent réussir un concours et épouser ses codes. Certaines écoles ont perçu le besoin d'entreprendre face à la disruption et offrent des formations pour devenir entrepreneur : elles n'ont pas compris que les entrepreneurs qui disruptent le monde étaient déjà occupés à le faire. Les élèves intelligents et perturbateurs étaient auparavant mis à l'écart, voire condamnés pour certains. Aujourd'hui, ils sont glorifiés parce qu'ils bousculent le monde, et les bons élèves deviennent leurs suiveurs. Ce sont eux les nouveaux héros de notre époque ; ils ont remplacé les responsables politiques pour proposer de nouvelles solutions à toutes sortes de challenges.

Au lieu de chercher à recruter des profils aux parcours lisses, les entreprises doivent chercher les hybrides : ceux qui ont suivi des études par envie et non par peur de ne pas trouver de job, ni ceux qui l'ont fait pour plaire à un recruteur, à leurs parents ou à la société. Les autodidactes sont d'excellents profils parce qu'ils ne sont pas formatés par le cadre d'une structure éducative, de ses méthodes, de la pensée de sa discipline et de ses enseignants ; leur place dans une entreprise a une valeur inestimable. Face à la disruption, les diplômes prestigieux et les parcours lisses sont des inconvénients parce qu'ils sont souvent le signe de profils réfractaires au changement. Ces profils ne verront pas la disruption les frapper. Ils sauront parfaitement appliquer les règles du nouveau cadre, mais sont incapables d'anticiper ce nouveau cadre : aucun premier de la classe n'a jamais disrupté quoi que ce soit, et pourtant beaucoup d'entre eux dirigent aujourd'hui de grandes entreprises. Sans aucune vision sur la disruption de leur industrie, ils mettent en péril leur entreprise.

La psychologie du disrupteur consiste à transgresser en pensée et en action. Suivre les règles reste évidemment indispensable dans de nombreux métiers. Personne ne demandera jamais à un médecin, à un pilote ni même au responsable financier d'une entreprise de prendre des risques inconsidérément. Mais pour réinventer des secteurs en place il est indispensable de le faire avant qu'un nouvel acteur – qui lui n'a rien à perdre – ne le fasse à votre place.

La mort du CV et des diplômes

La deuxième erreur classique de recrutement consiste à penser que la compétence d'un candidat est justifiée par son CV, à la fois par sa formation et ses expériences passées : pour recruter un community manager sur les réseaux sociaux, une entreprise traditionnelle cherche un ancien community manager ou quelqu'un avec une expérience liée au digital ; pour redresser une entreprise technologique en difficulté, elle cherche une ancienne dirigeante de société technologique et pour recruter un directeur commercial, elle cherche un ancien responsable des ventes d'une société proche en volume ou du même secteur. Ce raisonnement RH est invalide, parce que le signal n'est pas le bon. Le CV ne justifie plus les compétences par l'expérience : il raconte une histoire que les candidats tentent de vendre aux recruteurs (en mentant, dans la grande majorité des cas[1]). Désormais, les compétences avérées d'une personne sont visibles parce que ses réalisations concrètes et mesurables (*achievements*) sont accessibles avec des signaux de plus en plus clairs. Pour recruter un community manager compétent, il ne faut pas s'intéresser à son passé, même s'il a occupé la même fonction dans une entreprise prestigieuse ; il suffit de regarder le nombre de *followers* qui le suivent à titre personnel sur les réseaux sociaux : c'est la preuve irréfutable de sa compétence. Pour redresser une entreprise en difficulté, une expérience de dirigeant d'entreprise n'est pas suffisante : elle justifie la compétence « dirigeant », mais pas la compétence « redresseur ». C'est l'erreur qu'a faite Yahoo en recrutant Marissa Mayer, ancienne vice-présidente de Google, qui a dû démissionner en juin 2017 suite à son échec dans le redressement de Yahoo, bien qu'elle ait été auparavant une excellente dirigeante de Google. Et pour qu'un directeur commercial soit considéré comme compétent, il doit avoir augmenté les ventes d'une entreprise entre son arrivée et sa sortie : l'impact doit se voir directement sur le résultat de l'entreprise. Aujourd'hui, ce candidat peut indiquer la croissance des ventes sur son CV mais la preuve est difficile à obtenir à moins de regarder les états financiers de l'entreprise.

---

1. J.T. O'Donnell, « 85 Percent of Job Applicants Lie on Resumes. Here's How to Spot a Dishonest Candidate », Inc. com, 15 août 2017.

Demain, des algorithmes établiront la corrélation directe entre son profil LinkedIn qui mentionne sa compétence et l'augmentation des ventes avérées de l'entreprise ; son impact sera clairement mesurable.

Le problème des diplômes et des CV est qu'ils attestent mal des compétences techniques et relationnelles. C'est d'ailleurs pour cela que de nombreuses entreprises parmi les disrupteurs – comme Google – font de plus en plus appel à des méthodes de cooptation pour sélectionner leurs candidats et pratiquent des tests de mise en situation pour vérifier les compétences qu'ils avancent. À terme, les diplômes deviendront obsolètes (ou symboliques), ils seront remplacés par des micro-certifications précises et internationales pour chaque compétence : comme pour le TOEFL qui certifie un niveau d'anglais à une échelle mondiale (ou les certificats délivrés par les MOOC), il existera des certifications en mathématiques, en biologie, en littérature, en philosophie, etc., pour chaque niveau et même pour les compétences relationnelles comme l'empathie, la capacité à négocier, à prendre des décisions, à s'exprimer, à convaincre et à être créatif. Au-delà de nos compétences techniques et relationnelles, il sera même possible pour un professionnel de nous connaître sur des critères plus intimes et personnels avec des algorithmes qui évalueront notre niveau d'honnêteté, nos goûts ou encore nos opinions politiques. Nous serons tous notés par nos pairs, comme les chauffeurs Uber et les restaurants le sont aujourd'hui sur les applications, sur tout ce qui nous concerne, peut-être même jusqu'aux microdétails de nos personnalités.

Ces évaluations seront contrôlées et précisées par des algorithmes pour éviter les abus et les manipulations jusqu'à ce que les scores représentent des niveaux de fiabilité proches de la réalité. Le CV est mort. Il sera remplacé par des notations algorithmiques qui attesteront et recouperont nos capacités et nos compétences réelles.

Le handicap de l'expérience et de l'expertise

La compétence réelle d'un individu est de plus en plus lisible, mais elle est devenue un handicap face à la disruption si elle repose sur l'expérience. Jusqu'à présent, les années d'expérience d'un professionnel se valorisaient parce qu'elles garantissaient théoriquement une maîtrise parfaite de son sujet, qui lui méritaient d'ailleurs le nom de « spécialiste ». Face à la disruption, c'est l'inverse : la maturité biaise et enferme un professionnel dans son cadre et ses habitudes de pensées et l'empêche de voir son activité et son industrie autrement. Il voit les problèmes comme il les a toujours vus et les résout avec les outils et les solutions qu'il a toujours utilisés. C'est pour cette raison que les professionnels d'une industrie sont souvent sensibles aux changements d'autres industries mais jamais de la leur : lorsqu'Uber s'est lancé, les taxis ne l'ont pas pris au sérieux, persuadés que leur monopole légal et les habitudes des clients les protégeraient et qu'Uber resterait un phénomène marginal. Depuis, les taxis sont devenus le symbole de cette cécité. Mais les professionnels de tous les secteurs portent des œillères face à la disruption. Les chefs de projets le remarquent par exemple lorsqu'ils font appel à des spécialistes informatiques pour leurs besoins de développement et qu'à peine le projet évoqué, ils s'entendent dire « c'est impossible techniquement » ou « personne n'a jamais fait ça (comme ça) » ou encore « ça prendrait des années ». Si le professionnel le dit, c'est que cela doit être vrai. Alors que le même projet chez Tesla ou Amazon serait déjà prototypé et mis en production avec dix fois moins de ressources et en trois fois moins de temps. Les disrupteurs n'acceptent plus l'opinion des spécialistes parce qu'ils sont les pires à évaluer leur propre disruption. Les consultants passent leur temps à expliquer à leurs clients de toutes les industries qu'ils sont en train de vivre une période de disruption avec la transformation digitale, mais aucun d'entre eux ne songe à sa propre disruption – comme si toutes les industries allaient se faire disrupter sauf le secteur du conseil ! Beaucoup d'entreprises font l'erreur de faire appel à ces cabinets de conseil pour se transformer. Leurs consultants se présentent comme des spécialistes du digital, parfois même de la disruption et les entreprises pensent réussir leur transformation en écoutant leurs conseils : c'est une erreur qui peut leur coûter très cher. Imaginez si avant l'arrivée d'Uber, les taxis avaient fait appel à un cabinet de conseil pour faire leur transformation digitale. Pensez-vous que les consultants leur auraient conseillé de créer une application qui les mette en relation directe avec leurs clients (autrement dit d'inventer Uber) ? C'est impossible pour trois raisons. D'abord parce qu'imaginer où sera la valeur d'une activité face à la disruption avant tout le monde est la compétence de l'entrepreneur, pas du consultant. Ensuite parce que le consultant a une aversion pour le risque : son business model est de prendre l'argent de celui qui prend des risques (l'entreprise qu'il conseille) – sinon il serait entrepreneur. Et enfin parce que même si le consultant est spécialiste du digital, il ne fait pas partie des plus compétents du marché – sinon il serait immédiatement recruté par l'un des *pure players* du digital qui s'arrachent les talents aux meilleurs salaires. Il est irrationnel pour une entreprise de faire appel à un cabinet de conseil face à la disruption, les entreprises doivent absolument rompre avec cette habitude. Les consultants sont les moins à même d'aider les entreprises dans leur transformation.

La disruption arrive toujours dans un secteur par des non-professionnels, y compris par de très jeunes, sans expérience professionnelle. L'inexpérience n'est plus synonyme de naïveté face à la disruption : c'est un atout qui permet de voir le monde autrement. Pourtant, les entreprises traditionnelles méprisent encore l'inexpérience. Elles recrutent des juniors et des stagiaires à qui elles demandent d'obéir aux ordres, de suivre et de respecter des process précis, de faire du reporting à leurs supérieurs, de se taire et de laisser parler les expérimentés en réunion. Leurs supérieurs leur demandent quand même de faire les comptes rendus des réunions, pour apprendre… à devenir aussi biaisés qu'eux dans leur activité. Le mépris est encore plus clair lorsqu'il s'agit de leur rémunération qui est en réalité un message implicite pour leur faire comprendre que leur travail a peu de valeur. Face à la disruption, c'est encore une fois l'inverse qui devrait se produire. Un junior ou un stagiaire peut avoir plus d'idées pour disrupter l'entreprise dans laquelle il travaille qu'un manager expérimenté. Son regard neuf n'a pas encore été censuré par la structure, la politique interne et les habitudes. Sa naïveté est ce qui a le plus de valeur d'un point de vue créatif : il saura voir ce que les anciens ne peuvent plus voir, ce que les spécialistes refusent de voir et ce que les managers empêchent de voir parce que cela va contre leurs intérêts personnels. Certaines entreprises ont compris que les juniors avaient des réflexes, des attitudes et une posture naturelle face à la révolution digitale que les seniors n'ont pas et pour en tirer de la valeur, mettent en place du *reverse mentoring* : ce sont les juniors qui forment les seniors sur le digital. Mais la logique reste paternaliste et archaïque : le junior forme le senior sur des outils et des usages du digital pour que le senior puisse continuer à prendre des décisions, dans son cadre de pensée habituel. Pour ne pas subir la disruption, la logique voudrait que les entreprises renversent leur attitude face aux jeunes générations et les associent à leurs décisions les plus stratégiques au lieu de les considérer comme des originalités qui nourrissent leurs décisionnaires.

Sociologie des organisations disruptives

Les grandes entreprises traditionnelles sont condamnées au statu quo. Même si elles annoncent

de grandes transformations et des plans stratégiques à cinq ans, leurs employés font tout pour
empêcher le changement, parce que ces entreprises sont construites sur des idées de rentabilité
plus que de mission. Les employés sont recrutés
pour être performants et atteindre leurs objectifs plutôt que de le faire pour changer le monde
avec une mission affichée. En sélectionnant des
profils attirés par la performance plus que par le
sens, l'entreprise suscite la mise en place d'une
sociologie interne complexe avec des clans et des
rapports politiques de lutte pour le pouvoir, où
chacun progresse grâce à ses appuis. Il n'y a pas
de place pour celui qui ne joue pas le jeu de cette
sociologie et qui tente réellement de transformer
l'entreprise : il se fait immédiatement phagocyter
par le système politique interne. L'entreprise reste
figée ; les interactions internes sont dynamiques,
les postes changent souvent et les directions remplacent sans cesse les managers qu'elles tiennent
pour responsables du statu quo, mais l'entreprise fait du sur-place. Les départements RH sont
mêmes obligés de créer des départements « engagement » pour trouver des solutions à ce décalage
d'intérêt. En recrutant, les managers traditionnels
évaluent à quel point leur recrue pourrait servir
leurs intérêts personnels. Ils évaluent le danger
politique et intellectuel de chaque recrutement.
Il ne faut surtout pas que leur nouvelle recrue
soit trop performante ou plus agile socialement.
Résultat : les employés renforcent eux-mêmes
cette tendance à ne pas prendre de risques, pour
maintenir la structure en place. Ils se privent de
talents et recrutent à la place de bons soldats
(qu'ils appellent talents et qu'ils enrôlent dans des

programmes pour talents !) qui précipitent l'entreprise vers son déclin.

Pour changer le monde, les entreprises disruptives tentent d'empêcher, ou du moins de limiter l'émergence d'une sociologie qui favorise la politique et l'affrontement des carrières au détriment de la mission de l'entreprise. Elles recherchent passion et performances exceptionnelles, mais la passion doit toujours venir en premier. Les équipes de Steve Jobs ne recrutaient pas en fonction d'intérêts personnels et politiques : ils montraient aux candidats le Macintosh et voulaient voir leurs yeux briller et leur motivation authentique transpirer pour travailler dessus.

La deuxième raison pour laquelle les employés des entreprises traditionnelles empêchent le changement est leur ego. Puisque la logique de fonctionnement de ces structures est politique, l'affrontement se fait sur les positions des managers et il n'est pas question d'apparaître comme un leader faible en changeant ou en renonçant à ses positions sur des sujets stratégiques. Chez les disrupteurs, l'ego doit être présent pour avoir des convictions fortes mais s'effacer lorsque la mission l'exige. Google s'est par exemple rendu compte que les employés les plus performants défendaient leurs idées avec ardeur, mais qu'en cas de nouvelle information ou connaissance, ils étaient prêts à en changer rapidement : ils préfèrent défendre la vérité plutôt que leur position.[1] Cette absence d'ego généralisée dans les équipes engendre un climat de bienveillance

---

1. Thomas L. Friedman, « How to Get a Job at Google », *The New York Times*, 22 février 2014.

que Google qualifie de *sécurité psychologique* et qui est le facteur déterminant des performances d'une équipe[1] : les employés se sentent à l'aise et n'hésitent pas à exprimer leurs opinions auprès des autres sans se censurer. La cohésion est efficace et les résultats suivent. L'époque du leader corporate charismatique que les équipes suivent parce qu'il fait peur et engendre censure et courtisanerie est révolue. Une fois la mission définie, la disruption est collective.

1. Charles Duhigg, « What Google Learned From Its Quest to Build the Perfect Team », *The New York Times*, 25 février 2016.

11

Pensez comme un entrepreneur, pas comme un gestionnaire

Vous ne le savez pas encore, mais vous êtes déjà disrupté

Nous sommes lundi matin, vous arrivez au bureau, et l'annonce vient de tomber, tous les médias du monde entier en parlent : Amazon se lance dans votre business. Ils promettent de faire votre produit ou service en mieux, en beaucoup moins cher et avec une expérience utilisateur exceptionnelle. Traduction : vous n'avez rien vu venir et vous venez de vous faire disrupter. Vous ne prenez pas l'annonce au sérieux – après tout, vous êtes un professionnel, vous connaissez votre métier mieux qu'Amazon, il est impossible qu'un nouvel entrant vous fasse disparaître de sitôt. Réflexe de déni classique chez la majorité des entreprises. Les chauffeurs de taxi l'ont eu avant vous en pensant qu'ils étaient protégés par leur monopole avec les licences qu'ils avaient payées une fortune, que leur nombre était réglementé, etc. Aujourd'hui, leur chiffre d'affaires est en chute libre. D'autres sont tellement obnubilés par leur position dominante sur un marché qu'ils s'imaginent qu'un nouvel entrant ou une révolution technologique augmentera justement leur business. C'est le célèbre cas de Kodak qu'on cite souvent en exemple de disruption fatale. Kodak était persuadé que personne n'aimerait regarder des photos sur un écran. Lorsque l'appareil photo numérique est arrivé (qu'ils ont même inventé et breveté !), ils se sont dit que c'était une bonne nouvelle pour leur métier qui était d'imprimer les photos. Ce qu'on ne dit jamais, c'est que pour paraître innovants et montrer à leurs clients qu'ils avaient compris la vague de l'appareil numérique, ils se sont demandé comment mieux faire leur métier et servir leurs clients. Leur réponse : proposer aux clients d'imprimer leurs photos en boutique directement avec la carte mémoire de l'appareil ! Kodak a eu le même réflexe avec l'arrivée des réseaux sociaux : plus les gens prendraient et partageraient de photos, plus ils auraient de photos à imprimer. Erreur fatale. Kodak n'a pas compris que c'est le comportement des utilisateurs qui avait changé : regarder et partager ses photos sur un smartphone est devenu la norme, imprimer ses photos est devenu obsolète. Kodak a fait l'erreur que font beaucoup d'entreprises à propos de la disruption ces temps-ci : ils sont partis de ce qu'était leur métier, leur savoir-faire et de là où était leur valeur. Ils se sont ensuite demandé comment utiliser la nouveauté, les usages naissants et la technologie pour mieux faire leur métier, mieux valoriser leur savoir-faire et délivrer plus de valeur. Ils n'ont pas compris que la disruption, c'est justement de rendre une activité ou une manière de faire obsolète, de la faire disparaître. Ce qui aveugle les dirigeants, c'est de partir du principe que ce qui a de la valeur pour un client aujourd'hui en aura toujours.

Ce scénario de l'annonce d'Amazon un lundi matin n'est peut-être pas réel pour vous aujourd'hui, mais il se produira avec certitude. Vous êtes déjà disrupté mais vous ne le savez pas encore. L'ubérisation n'était qu'un cas particulier de disruption. La disruption, elle, est universelle. Nous sommes tous vulnérables face à elle. Et c'est justement notre vulnérabilité que les disrupteurs attaquent dès lors que le moment est venu, que la technologie le permet et que les mentalités sont matures.

Sabordez-vous et pivotez comme un entrepreneur. Vite.

Le premier réflexe à avoir face à la disruption, c'est de partir du principe que vous n'êtes pas indispensable : la disruption, c'est la mort de l'établi. La plupart des entreprises font l'erreur de vouloir faire leur transformation digitale : elles supposent que leur cœur de métier ne changera pas. Si c'est une chaîne d'hôtels, elles supposent qu'elles continueront d'héberger des clients, si c'est une société de transport, de transporter des clients. Elles pensent que c'est leur manière de produire ou de délivrer leur produit ou leur service qui mutera grâce à plus de technologie. C'est une erreur. Ce qu'elles doivent faire, c'est être prêtes à saborder leur business et à abandonner leur business model. Il faut s'imaginer déjà mort pour penser autrement son activité et se demander où sera la valeur dans le futur. Les entreprises traditionnelles n'y arrivent pas, tandis que les disrupteurs raffolent de l'exercice. Reed Hastings, le CEO de Netflix, déclarait en 2016[1] que le futur du divertissement ne serait certainement plus sur les écrans dans quelques années, mais que nous pourrions ingérer une pilule hallucinogène qui nous emmenerait dans d'autres mondes sans danger ni effets secondaires : une drogue, voilà comment un disrupteur pense le cinéma du futur. Demandez maintenant à un banquier comment il imagine la banque du futur...

On répète souvent aux entrepreneurs qu'ils ne doivent pas tomber amoureux de leur idée, que c'est le marché qui décide s'ils ont raison ou pas. Le réflexe du bon entrepreneur, si son produit ou service ne prend pas, est de pivoter, c'est-à-dire inventer, produire autre chose que ce qu'il avait prévu au départ, peut-être même à destination d'un autre marché. Les exemples dans la Tech sont nombreux : Instagram était au départ un service de signalisation géographique sur les réseaux sociaux et a pivoté en application de partage de photos avec une expérience propre et claire ; Youtube était un site de rencontres qui utilisait la vidéo avant de pivoter en une plate-forme de partage de vidéos ; Twitter était un site de partage de fichiers audio avant de pivoter en un réseau social de microblogging... Les entreprises établies dans leur secteur, elles, sont

---

1. Dimitar Mihov, « Netflix and Drugs : Netflix CEO contemplates the future of entertainment », TheNextWeb. com, 25 octobre 2016.

amoureuses de leur activité et n'imaginent pas un monde sans elles, surtout si elles sont anciennes et encore plus si elles sont de taille importante. Les banquiers disent « on aura toujours besoin d'une banque », les avocats « on aura toujours besoin d'un avocat », ou même les spécialistes de l'agroalimentaire « on aura toujours besoin de manger ». Certes, mais peut-être, et demain sûrement, sans eux, et c'est par cela qu'ils doivent commencer. N'oubliez pas : la disruption a horreur des certitudes.

Les laboratoires pharmaceutiques gagnent aujourd'hui de l'argent en fabriquant des médicaments et tentent de protéger leur rente avec les brevets, mais avec quelle activité vont-ils gagner de l'argent lorsque le coût de fabrication des médicaments chutera et deviendra une commodité grâce à l'intelligence artificielle ? Peut-être devront-ils pivoter en une société de services premium aux patients, aux médecins et aux hôpitaux et ne plus compter sur un business model qui repose sur la fabrication et la commercialisation de médicaments. Dans le secteur financier, Lloyd Blankfein, le CEO de Goldman Sachs, la banque la plus prestigieuse et influente au monde, a déclaré en 2015 que Goldman Sachs était une société de technologie, laissant par là entendre qu'il avait anticipé la mort de la banque et le pivot vers la Tech. La banque est un secteur arrivé à maturité. Une fois les processus optimisés et les coûts réduits, Goldman a bien compris que les marges allaient se réduire, que la finance deviendrait une commodité comme une autre, avec des produits accessibles en trois clics sur un smartphone et qu'il allait falloir créer de la valeur autrement. L'annonce de Lloyd Blankfein sert de prémice au pivot : puisque Goldman Sachs est spécialiste de la finance et notamment des algorithmes, leur pivot consistera probablement à se libérer progressivement de la finance pour commercialiser des algorithmes à d'autres secteurs (transport, logistique, télécoms, divertissement...). De la finance à la Tech ? Pas idiot, puisque comme le rapportait en 2011 le pionnier d'Internet Marc Andreessen pour expliquer que la valeur allait basculer vers le logiciel, « le logiciel dévore le monde »[1].

Plutôt que de chercher à protéger ou à optimiser l'existant, à maintenir une rente, il faut être prêt à se saborder pour se conformer à l'exigence imposée par les disrupteurs : expérience utilisateur exceptionnelle, frictions inexistantes, simplicité enfantine et surtout résolution utile d'un problème. Mais pour se saborder, il faut une vision. Les gestionnaires doivent disparaître pour laisser la place à des entrepreneurs, dont c'est précisément la compétence d'être capable de voir avant tout le monde la valeur dans le futur. Si vos dirigeants n'ont pas de vision, ils ne sont plus à leur place face à la disruption. Imaginez si un disrupteur comme Elon Musk était placé à la tête d'une industrie vieillissante qui refuse le changement comme une banque ou une société d'aéroports : il y aurait des annonces de nouveautés tous les jours et le changement irait encore plus vite que tout ce que nous imaginerions. On ne dirige plus une entreprise face à la disruption avec des

---

1. Marc Andreessen, « Why Software Is Eating The World », *The Wall Street Journal*, 20 août 2011.

plans stratégiques à cinq ans et des objectifs de conquête de marché : le marché ne sera peut-être plus là. Il faut choisir la rupture ou la disparition. Beaucoup d'entreprises l'ont compris mais ne souhaitent pas s'y atteler. Elles savent qu'elles vont disparaître et préfèrent mourir lentement en profitant du chiffre d'affaires restant garanti par l'inertie, jusqu'à ce qu'il n'y en ait plus. C'est le cas notamment des métiers de la comptabilité, bientôt entièrement automatisés par l'intelligence artificielle : leur disparition est inéluctable, mais aucun acteur n'a encore pivoté pour chercher la valeur sur d'autres activités.

Impossible de chercher la tranquillité face à la disruption. Plus aucune industrie n'est protégée : chacun est confronté à la même pression darwinienne de l'excellence et de l'adaptation. Le digital est en mouvement permanent, la disruption va vite et peut survenir de n'importe où, surtout de là où on ne l'attend pas. Les disrupteurs commencent petit, en s'attaquant à des marchés très spécifiques (Amazon a commencé par vendre des livres) ou localisés (Uber a d'abord été lancé à San Francisco). Ils écoutent le feedback de leur marché en permanence pour adapter leur produit ou service et itérer jusqu'à trouver leur *product market fit*, c'est-à-dire ce que demande exactement leur cible de clients ou d'utilisateurs. Dès que le *product market fit* est trouvé, ils cherchent à croître vite pour prendre des positions dominantes et au passage affaiblir voire faire disparaître les acteurs établis. La disruption inverse les anciens signes extérieurs de force et de robustesse : les plus petits n'ont peur de rien parce qu'ils sont plus rapides et agiles que les gros.

Choquez, clivez, provoquez, suscitez le rejet et le mépris

La disruption est un choc, une rupture, pas une continuité. Elle ne doit pas chercher à améliorer mais à casser, à rompre, à refuser le statu quo et à le bousculer, « *to make the world a better place* », comme le disent dans leur pitch tous les créateurs de startups de la Silicon Valley. Le meilleur moyen d'évaluer la capacité disruptive d'une idée ou d'un projet est le niveau de rejet qu'il provoque. Il doit susciter le rejet et le mépris dans un premier temps, et l'affrontement par tous les moyens dans un second. En 2008, lorsque les fondateurs d'Airbnb ont cherché à lever des fonds pour le développement de leur projet, les investisseurs ont refusé d'investir à l'unanimité en avançant des prétextes allant de la taille trop faible du marché potentiel à la difficulté de réussir dans le secteur du tourisme. L'idée était folle : comment croire que des individus allaient ouvrir leur salon, voire toute leur maison, à des inconnus en échange de rémunération ? La crise de 2008 a donné raison aux fondateurs d'Airbnb. En 2017, l'entreprise était valorisée 31 milliards de dollars. Les fondateurs ont depuis publié les e-mails de rejet des investisseurs de l'époque (qui le regrettent amèrement aujourd'hui) pour encourager les entrepreneurs à ne rien lâcher. Nombreux sont les exemples de disruptions dont les premiers rejets furent violents. Dans un article du *New York Times* datant de 1992, Andrew Grove, le CEO d'Intel de l'époque, déclarait que « l'idée d'un appareil de communication sans fil dans chaque poche était une illusion menée par l'avidité »[1].

C'est exactement ce type de rejet qu'il faut susciter. Le job d'un entrepreneur est précisément de voir ce que personne d'autre n'a vu, d'imaginer là où sera la valeur avant tout le monde et d'aller la chercher. Être précurseur coûte cher ; le prix est élevé d'être seul à avoir raison contre et avant tout le monde. Les entrepreneurs connaissent bien ce rejet ; ils y sont habitués et savent qu'il est nécessaire de s'entendre dire « ça ne marchera jamais », « personne n'a jamais fait ça comme ça » ou « ça a déjà été tenté et ça a échoué ». À l'inverse, les gestionnaires d'entreprises traditionnelles sont experts en rejet de la disruption avant de l'avoir sous les yeux. Ils veulent absolument un ROI (*Return on Investment*), un business plan à trois ans, et un benchmark de la concurrence, sinon l'idée n'a pas de valeur. Dans la disruption, le ROI est inestimable, ne se mesure pas : c'est oui ou c'est non, on ne disrupte pas à moitié. L'ambition d'un projet de disruption doit être monopolistique ou rien. *The winner takes all.* C'est un pari qui remet en cause votre existence, mais le coût de ne rien faire peut être encore plus important, et vous faire disparaître. La disruption tue les gestionnaires. Elle exige que chaque décideur se comporte comme un entrepreneur qui pense avec obsession à son prochain coup. Si vos dirigeants se comportent en bons gestionnaires traditionnels, comme c'est souvent le cas des entreprises

---

1. Peter H. Lewis, « The Executive Computer ; "Mother of All Markets" or a "Pipe Dream Driven by Greed"? », *The New York Times*, 19 juillet 1992.

établies, alors ils ne sont plus aptes face à la disruption : ils doivent être remplacés.

Notre cerveau n'aime pas le changement. Les connexions neuronales sont fortes lorsqu'il s'agit de nos habitudes de pensées et d'action. Penser autrement demande beaucoup d'énergie. Pour éviter de la dépenser, la stratégie de notre cerveau est de nous faire souffrir pour nous faire revenir immédiatement à nos schémas de pensée habituels, à la routine. Autrement dit, souffrir est une étape nécessaire pour dépasser nos habitudes. Le changement ne se fait pas sans affrontement ni souffrance. On doit se liguer contre vous. Vous devez heurter les croyances ancrées dans l'inconscient de vos parties prenantes. Le consensus est impossible dans la disruption. Si tout le monde vous suit, c'est que vous avez réalisé une simple optimisation, *business as usual*. Il vous faut être clivant et subversif. Si vous n'êtes pas clivant, vous ne gênez pas ; si vous ne gênez pas, cela n'a pas de valeur disruptive.

Après la première réaction de mépris et de moquerie à l'annonce d'une disruption, le deuxième signal est la sonnette d'alarme : les entreprises des secteurs traditionnels appellent à l'aide le régulateur ou la justice en invoquant l'illégalité ou la non-conformité. C'est le moment où la disruption est perçue comme une réalité menaçante, mais c'est aussi le signal qu'il est déjà trop tard : la disruption est faite, plus rien ne pourra l'arrêter. L'ancien système luttera pour préserver l'ordre ancien mais ne pourra le restaurer. En 2017, le gouvernement britannique a refusé de renouveler la licence d'Uber. Contrairement à ce que l'on peut penser, c'est précisément le signe de la victoire d'Uber, la confirmation que Uber est une menace à l'ordre établi et que ses utilisateurs le plébiscitent. Les lobbys sont puissants, ils ont gagné une bataille, mais ils ont déjà perdu la guerre : la disruption est plus forte, parce qu'elle est darwinienne et soutenue par la foule. Les taxis appartiennent déjà au passé, ce n'est qu'une question de temps avant qu'il n'y en ait plus aucun sur les routes. La disruption est violente pour l'ordre établi. Les disrupteurs savent qu'il y aura une phase de transition inconfortable correspondant à l'affrontement entre l'ancien monde et celui dont ils portent la vision.

Ne cédez pas au *bullshit* ambiant de l'innovation pour tous

Vos collaborateurs et vos collègues n'ont jamais disrupté. Vous non plus. Moi non plus. Vous cherchez la recette miracle. Il n'y en a pas. La disruption ne se décrète pas. Si vous avez besoin de dire que vous êtes disruptif ou que vous avez mis au point une innovation disruptive, c'est que ce n'est tout simplement pas le cas. Tout au plus, vous pouvez éviter les erreurs que toute cette culture d'innovation venue de la Silicon Valley nous fait faire en nous faisant croire que la disruption est accessible à tous. Non, vous ne deviendrez pas disruptif en créant une direction de l'innovation ou un « lab » dans votre entreprise, avec un directeur de l'innovation en costume et des équipes chargées de thèmes buzz-words comme l'équipe « Big Data » ou l'équipe « Expérience client ». Vous donnerez simplement l'illusion d'innover aux actionnaires, qui ne vous demanderont pas de compte pendant deux ans. Vous ne deviendrez pas non plus disruptifs en organisant des hackathons ou des concours d'innovations avec remise de trophées (sponsorisés). Imaginez-vous sérieusement Steve Jobs organiser un hackathon pour inventer l'iPad ou Elon Musk pour décider de relier n'importe quelle ville de la planète en moins d'une heure ? Le hackathon est une mascarade ; il sert aux départements marketing et communication à masquer que l'entreprise qui l'organise n'arrive pas à se disrupter et n'a aucune vision sur sa disruption à venir. C'est le leader visionnaire qui doit emmener vers la disruption et doit faire accepter sa vision. Un hackathon est au contraire un appel à l'aide et un signal de mort imminente face à la disruption plus qu'une véritable volonté de nouveauté. Tout projet résultant d'un hackathon ne peut être qu'une amélioration incrémentale : aucun participant n'irait jusqu'à remettre en cause l'organisateur lui-même et à suggérer sa disruption. Vous n'arriverez pas non plus à disrupter en faisant travailler vos cadres dirigeants dans des incubateurs à startups colorés avec des animateurs en baskets. Vos cadres ne veulent pas changer et ont peur de la disruption.

Et enfin non, vous n'arriverez pas à vous disrupter avec l'aide de startups et encore moins en créant votre incubateur interne. D'abord parce que vous n'arriverez pas à attirer les startups les plus prometteuses : elles auront déjà été sélectionnées par les incubateurs professionnels (comme le Y-Combinator) qui ont l'expérience et l'expertise pour les repérer et savent parfaitement lire le signal d'une startup prometteuse. Et ensuite parce que les startups ne veulent pas venir chez vous, à part les moins ambitieuses. Les startups ne veulent que deux choses : lever des fonds et avoir des clients. Si une startup est prometteuse, travailler avec vous ou chez vous ne l'intéressera pas, elle n'a pas de temps à perdre et sait qu'elle risque de mourir en se frottant à votre culture, à la lenteur de vos process et à votre aversion pour le risque.

Vos concurrents sont les GAFA et les BATX

Oubliez vos concurrents habituels, ils ne sont plus un danger. Vous allez même peut-être devoir faire alliance avec eux. Peu importe votre métier ou votre industrie, les GAFA (Google, Amazon, Facebook, Apple) et les BATX chinois (Baidu, Alibaba, Tencent, Xiaomi) s'attaquent à votre industrie. Vous êtes un laboratoire pharmaceutique ? Vos concurrents ne sont plus les autres laboratoires : c'est Google, qui se lance dans la santé notamment avec sa filiale Calico qui veut nous rendre immortels et son projet de Big Data Baseline pour tenter de définir ce qu'est un être humain en bonne santé.[1] Vous êtes dans la banque ? Facebook commence déjà à lancer du paiement sur sa plateforme Messenger, bientôt ils proposeront de tenir les comptes courants de vos clients, proposeront des crédits et des produits d'épargne en trois clics. La Facebook Bank est prête, ils n'ont qu'à appuyer sur le bouton.

---

1. www.projectbaseline.com

Ils vous laisseront vous débrouiller avec votre système informatique complexe, obsolète et coûteux à maintenir, vos agences et tous vos employés qui gèrent le middle et le back-office et ils viendront vous prendre la seule chose qui contient encore de la valeur dans le secteur bancaire : la relation avec vos clients, le front-office. Ils vous laisseront dépenser des fortunes pour vous mettre en conformité avec la loi, leurs systèmes à eux sont agiles, flexibles et prêts. Vous êtes dans les télécoms ? Facebook rêve de faire disparaître le numéro de téléphone et la carte SIM ; ils veulent que notre login Facebook soit notre identifiant universel aussi bien pour téléphoner que pour être identifié. Ils ont commencé à bâtir une relation directe avec l'utilisateur *via* Facebook Messenger et Whatsapp. Demain, vous devrez fournir vos infrastructures réseaux aux utilisateurs à un coût proche de zéro pour qu'ils communiquent dessus *via* leurs plateformes, sinon Facebook créera son propre réseau de télécommunication sans fil pour vous court-circuiter, et offrira des communications gratuites dans le monde entier *via* Wifi ou 5G.

L'objectif des GAFA est monopolistique : c'est de nous créer un écosystème de vie et de tout faire pour que nous n'en sortions plus. Google nous donne déjà accès à l'information mondiale, nous donne une boîte mail, une carte précise du monde et un GPS, il stocke nos fichiers et nos photos, nous offre de la musique et un catalogue mondial de vidéos. Demain, les GAFA ajouteront beaucoup d'autres services du quotidien. Ils seront effectivement votre banque et votre opérateur télécoms, mais aussi votre agent de voyage, votre avocat, votre coach et votre enseignant sur n'importe quel sujet. Google sera votre opérateur de transport *via* les Google Cars et peut-être après-demain les Google Planes ou les Google Rockets. Aucune limite : le monde est leur terrain de jeu, votre vie leur obsession. Il ne sert à rien de se dire qu'ils ne sont pas un danger pour votre industrie parce qu'ils ne sont pas spécialistes. Au contraire, leur inexpérience leur permet de voir d'un œil nouveau n'importe quelle industrie et leur jeunesse d'éviter de devoir gérer un héritage technique et culturel qui devient un handicap pour les industries anciennes. Ils rattrapent avec audace les industries les plus ancrées et les plus techniques. Elon Musk n'avait aucune expérience dans la finance lorsqu'il a lancé la société PayPal avec pour ambition de créer un système de paiement international qui viendrait concurrencer directement les banques et les cartes de paiement. Google ne connaissait rien au secteur automobile lorsqu'ils ont lancé le projet Google Car. Être spécialiste de son domaine ne constitue plus une barrière à l'entrée qui évite la disruption, cela devient même un frein. L'inexpérience devient l'atout.

12

Votre culture vous tue.
Tuez-la

Customer Obsession : quand un client mécontent vaut de l'or

Pour la plupart des entreprises, le client en lui-même n'a aucun intérêt : seuls son pouvoir d'achat et ses susceptibilités d'achat les intéressent. Elles évoquent la « connaissance client » dans leur stratégie alors qu'elles ne veulent surtout pas le connaître (et encore moins perdre du temps à faire connaissance avec lui). Le client se résume à un numéro dans une base de données, accompagné de toutes ses caractéristiques. Personne ne lit ces données : elles sont traitées dans des tableaux Excel et par des algorithmes pour faire des moyennes et des segments discutés ensuite par des cadres en réunions qui parlent « du client » alors qu'ils évoquent simplement des chiffres sur des graphiques : le client est une statistique et il est traité comme tel, c'est une contrainte obligatoire pour accéder à son argent, un objet froid et impersonnel dont on aimerait qu'il soit plus conciliant et docile. Les entreprises ont tort. Il n'y a rien de plus méprisant pour un client que d'être considéré comme un chiffre, d'être par exemple contacté par son banquier (qui a reçu une notification sur son ordinateur) lorsque notre pouvoir d'achat augmente pour nous vendre un produit dont on n'a pas besoin ou d'être surclassé en business en prenant l'avion uniquement lorsqu'on est bon client : c'est au contraire celui qui n'est pas encore bon client qui devrait être surclassé. La plupart des entreprises font l'erreur de se fixer comme objectif de maximiser leur chiffre d'affaires avec comme variable d'ajustement la contrainte de devoir apporter un minimum au client. Pour les disrupteurs, c'est l'opposé : ils cherchent d'abord à maximiser l'intérêt du client, à lui apporter le plus de valeur possible (peu importe qui il est et combien il dépense) et la hausse de leur chiffre d'affaires n'est que la conséquence du traitement exceptionnel qu'ils lui réservent.

Pour Amazon, le client est tellement important qu'il est défini comme une obsession qui doit habiter ses employés à chaque instant et pour toutes leurs décisions. Rien n'est plus important que la confiance du client et sa satisfaction. Dès les débuts d'Amazon, son CEO Jeff Bezos avait l'habitude d'intégrer et de personnifier une chaise vide en réunion qui symbolisait le client et qu'il mentionnait comme « la personne la plus importante de la salle » pour rappeler aux personnes présentes en réunion que tout ce qui était décidé l'était pour elle, pas pour eux.

La différence sur le service client est impressionnante. Pour contacter le service client d'une entreprise traditionnelle, vous devez faire preuve de patience, effectuer des choix incompréhensibles sur un clavier téléphonique (parmi lesquels la raison de votre appel se trouve rarement), une fois que vous parvenez à avoir un représentant de l'entreprise au téléphone, vous êtes obligé de vous présenter, d'avoir votre numéro client à proximité, d'évoquer votre problème, souvent le service client vous répond que vous n'êtes pas au bon service, et si votre problème n'est pas traité, on vous demande d'envoyer une réclamation par écrit au service litige. Amazon prend le contre-pied de ces services clients traditionnels : en un clic sur l'application mobile, Amazon vous rappelle en quelques secondes, ses représentants vous connaissent, vous appellent par votre nom, ont souvent déjà une idée assez précise de la raison pour laquelle vous les contactez, ne raccrochent pas tant qu'ils n'ont pas réglé votre problème, vous remboursent un produit sans justification, et vous offrent des bons d'achat pour s'excuser. Leur obsession du client est visible et palpable à la moindre interaction avec lui. Là où les entreprises traditionnelles voient le service client comme un problème dont il faut se débarrasser rapidement et au moindre coût (en l'automatisant ou en le délocalisant), les disrupteurs voient l'opportunité de transformer les clients déçus en leurs clients les plus fidèles et loyaux à jamais, et donc leurs meilleurs défenseurs auprès de futurs clients. Pour les entreprises traditionnelles, le service client est une contrainte ; pour les disrupteurs, un client mécontent est une excellente nouvelle. Chez Zappos, la filiale d'Amazon spécialiste de la chaussure sur Internet, il n'y a pas de limite à passer au téléphone avec un client : le service client est encouragé à laisser le client raccrocher uniquement lorsque son problème est résolu et qu'il est entièrement satisfait. Un téléopérateur est même resté près de onze heures en ligne avec un client sans voir le temps passer tellement la conversation se déroulait naturellement.[1] Les entreprises traditionnelles sont obsédées par leurs concurrents, les disrupteurs sont obsédés par leurs clients. Auparavant, les entreprises pouvaient assumer des insatisfactions des clients, puisqu'ils n'étaient pas écoutés. Aujourd'hui, un client insatisfait peut avertir tous les autres. C'est un danger pour l'entreprise.

Le mass-market est mort. Les entreprises doivent désormais considérer le client individuellement, chercher à le connaître réellement (pas pour le spammer), lui porter attention, personnaliser le contact et la relation avec lui. Beaucoup d'entreprises traditionnelles organisent des workshops dans lesquels elles répètent en boucle qu'il faut « mettre le client au centre » : en réalité, cela reste de l'incantatoire, elles ne souhaitent surtout pas qu'il y soit ! Elles méprisent le client et cherchent à lui prendre le plus d'argent possible sans perdre trop de temps. Chez les disrupteurs, l'argent gagné est une conséquence du soin au client et de l'excellence, pas le but. Pour les entreprises traditionnelles, les seuls contacts avec le client se limitent souvent à l'augmentation des tarifs, aux changements dans les conditions générales de vente et à des publicités invasives

1. Richard Feloni, « A Zappos employee had the company's longest customer-service call at 10 hours, 43 minutes », BusinessInsider.com, 26 juillet 2016.

pour des nouvelles offres dont il n'a pas besoin. Les disrupteurs, eux, cherchent à être aimés par leur client et lui fournissent en permanence des preuves des efforts déployés pour le satisfaire : nouvelles offres, nouvelles fonctionnalités, remerciements, excuses, simplification, amélioration du service, écoute et prise en compte de ses suggestions. Impossible aujourd'hui de prétendre mettre le client au centre si ce n'est pas réellement le cas : cela se voit et met l'entreprise en danger de mort.

La sérendipité se paye par l'échec et le hasard

Dans l'ancien monde, la planification stratégique était de mise. Les objectifs business étaient clairement définis, évalués et mesurés avec des indicateurs de performance. Les stratèges ne juraient que par ces indicateurs pour évaluer la rentabilité. Si tous les critères étaient remplis avec un niveau de risque minimum, les directions validaient la stratégie et la déployaient. Dans le monde de la disruption, la planification est impossible : l'incertitude, l'agilité et la rapidité sont les nouvelles normes. Impossible de prévoir à l'avance le succès d'un projet avec les indicateurs qui ont fait le succès des entreprises du XXe siècle ; la démarche est obsolète et les indicateurs incompatibles avec la disruption. D'ailleurs, plus aucun capital-risqueur compétent ne demande de plan stratégique à cinq ans pour un projet de disruption (ou ils n'y accordent aucune importance). Il s'agit uniquement d'un pari pour savoir si la disruption aura lieu. Face à l'incertitude, plus aucune stratégie ne tient : on cherche au contraire l'adaptation aux circonstances en temps réel. Le seul moyen de s'attaquer à cette incertitude, c'est de s'y exposer avec encore plus d'incertitude pour faire émerger de la valeur presque par hasard, sans la chercher. Le mot est connu, il s'agit de provoquer la sérendipité, trouver ce que l'on ne cherchait pas mais qui se révèle pertinent. Rappelons-le, le digital est darwinien : il sélectionne et récompense tout ce qui est adapté à son environnement. Dans la nature, cette sélection darwinienne a lieu sur des variations aléatoires. Il faut donc réintroduire dans le digital cet aléatoire : l'attitude du disrupteur doit être chaotique. Les entrepreneurs créent souvent une entreprise en réponse à un problème qu'ils ont rencontré par hasard dans la vie réelle. La seule solution est désormais l'essai directement sur le marché avec itérations et ajustements rapides. Le CEO de Facebook Mark Zuckerberg dans sa lettre aux actionnaires en 2012 rappelait que chez Facebook, il est écrit directement sur les murs « *better done than perfect* » pour insister sur l'importance de toujours livrer rapidement pour confronter le produit au marché.[1]

Il est indispensable de prévoir des budgets que l'on considère comme des pertes, sans attendre de rendements, pour lancer des projets. Puisque l'évaluation est impossible, les entreprises doivent lancer un maximum de projets différents pour augmenter les chances d'en voir certains émerger

---

1. « Mark Zuckerberg's Letter To Investors : "the Hacker Way" », Wired.com, 1er février 2012.

et devenir leurs nouvelles activités stratégiques : chaque entreprise doit adopter une attitude de capital-risqueur qui investit dans plusieurs projets en sachant que très peu seront des succès. Ce qui était auparavant une attitude courante en recherche et développement doit devenir une approche business, parce que désormais toutes les entreprises solidement implantées sont ou seront confrontées à de nombreuses startups qui tentent de les disrupter. Même si peu d'entre elles survivront, certaines deviendront des menaces de disruption et refuseront de se faire racheter (seules les moins ambitieuses et donc les moins dangereuses acceptent de se faire racheter).

Il ne s'agit pas forcément d'avoir des idées brillantes à lancer qui ont vocation à disrupter une activité immédiatement, mais de découvrir des pistes intéressantes, d'autant que désormais, toute idée peut être testée rapidement auprès d'un panel d'utilisateurs : les sites de crowdfunding en sont une bonne illustration. Les utilisateurs investissent sur une idée alors que le produit n'existe pas encore, et l'appétence est directement mesurable avant production. Une idée étudiée dans des rapports internes et des réunions n'a aucune valeur tant qu'elle n'a pas été directement confrontée à la demande. Il n'est pas nécessaire non plus de prévoir un business model et encore moins des prévisions de résultats : s'il y a une appétence, le business model se trouvera naturellement en chemin, à condition d'être à l'écoute, de savoir pivoter et de continuer à tâtonner jusqu'à trouver le bon.

Les entreprises doivent également intégrer l'échec comme indispensable à la réussite et le valoriser. Il est nécessaire à tout apprentissage, et est toléré pendant les périodes de formation, mais il est souvent interdit et sanctionné dans l'entreprise. Or face à l'incertitude et l'augmentation obligatoire d'essais pour innover, l'échec est inévitable : tous les disrupteurs en ont connus et ont dû itérer, réitérer et faire pivoter leurs produits et leurs business models jusqu'à réussir. L'échec est le corollaire de la prise de risque, désormais obligatoire pour toutes les entreprises qui veulent survivre. Aux États-Unis, les Fail Con explosent – ces conférences où les entrepreneurs viennent exposer fièrement leurs échecs et les leçons qu'ils en ont tirées. Elon Musk rappelait en 2005 que contrairement à la NASA, chez Space X l'échec est acceptable : « si vous ne rencontrez pas d'échec, c'est que vous n'innovez pas assez ».[1] Sur son compte Instagram, il a même publié une vidéo de tous les échecs de son lanceur de fusée ![2] Une entreprise qui se repose sur son activité historique et ses succès passés par peur de l'échec est condamnée à mourir très rapidement – c'est même la cible principale des disrupteurs. BlackBerry en est l'un des exemples les plus frappants. Avant l'arrivée d'Apple sur le marché des smartphones, BlackBerry régnait en maître sur le marché du téléphone professionnel. Même avec l'arrivée de l'iPhone, BlackBerry s'est senti protégé par ses nombreux contrats avec les entreprises et n'a pas vu la nécessité d'innover, considérant que ses terminaux étaient déjà suffisamment

---

1. Jennifer Reingold, « Hondas in Space », FastCompany.com, 1er février 2005.
2. www.instagram.com/p/BZA0s7EAmF1

différenciés. L'erreur a été fatale : Steve Jobs a imposé de nouvelles exigences sur le marché du smartphone et les clients ont rapidement perçu BlackBerry comme une entreprise dépassée, incapable de s'adapter. À partir de 2011, sa chute n'a fait que s'accélérer jusqu'à atteindre une part de marché insignifiante.

Corporate is dead (et ringard)

Dans un mémo interne de juin 2017[1], la prestigieuse banque d'investissement Goldman Sachs supprimait son traditionnel et formel *dress code* costume/cravate/tailleur et invitait ses employés à « utiliser leur jugement pour adapter leur tenue aux circonstances business ». La recommandation est subtile – Goldman Sachs reste l'un des représentants du monde corporate raide et sérieux – mais le signal est limpide : le monde des affaires traditionnel doit rompre avec les codes conventionnels, rigides et ennuyeux. En réalité, Goldman Sachs n'a pas le choix : les hackers et les geeks, qui sont les plus à même de disrupter, rejettent le monde corporate et refusent d'y être embauchés. Ils le considèrent comme un monde arrogant et superficiel, qui se cache derrière des codes pour gagner en crédibilité (vestimentaire, langage lisse et soutenu, distance professionnelle avec les clients, titres…), et qui entretient des pratiques et des rituels anachroniques pour créer et

---

1. Olivia Oran, Anna Irrera, « Goldman Sachs relaxes dress code for techs in fight for talent », Reuters, 13 juillet 2017.

solidifier une culture factice qui ne repose sur rien (horaires fixes, réunions longues et récurrentes, comptes rendus, reportings...). C'est un danger immense pour l'avenir des entreprises corporate traditionnelles. Pour attirer les talents, elles sont obligées de se plier à leurs standards : le salaire est important mais ne suffit plus. Le rapport de forces a changé de camp, ce ne sont plus les entreprises qui offrent une culture contraignante et demandent à leurs employés de s'y plier : elles doivent désormais refléter une autre culture, celle des startups, pour qui le sens, le plaisir et la souplesse comptent davantage que des rituels corporate, pour qu'ils acceptent d'y travailler (et à leurs conditions).

La première démarche pour casser cette culture corporate est d'envoyer des signaux « cool » en interne pour donner un nouveau ton. Les dirigeants de l'entreprise doivent se détendre et ne plus être perçus comme des généraux d'armée rigides qui donnent des ordres. Le *dress code*, qui était l'uniforme du monde corporate, doit disparaître : Mark Zuckerberg monte sur scène en T-shirt, Steve Jobs travaillait en baskets. Au-delà du signal interne, c'est aussi un moyen pour ces entreprises à la culture détendue d'affronter directement le monde corporate et de le ringardiser dans ses postures anachroniques. Une entreprise qui est sûre de la valeur qu'elle délivre et de l'utilité de sa mission n'a pas besoin de se conformer à des codes sociaux : elle est plébiscitée pour ce qu'elle représente par ses clients. Les dirigeants de ces entreprises s'amusent, prennent du plaisir et le montrent. Ils ne se prennent pas au sérieux : Richard Branson se travestit en hôtesse de l'air dans les avions de sa compagnie Virgin Airline, Jack Ma, le CEO d'Alibaba, personnifie Michael Jackson en dansant sur scène déguisé lors de la soirée annuelle de l'entreprise en 2017, quant à Elon Musk, il décide d'appeler sa dernière entreprise de tunnels ultrarapides sous les routes pour éviter les embouteillages « The Boring Company ». Ces leaders refusent d'être ennuyeux et considèrent qu'une aventure business doit apporter de la valeur tout en restant légère et humaine. Mais chaque fois que des dirigeants d'entreprises traditionnelles essaient de copier le style décontracté des nouveaux leaders sans le vivre réellement, par exemple lors de keynotes de présentation produit ou de conventions annuelles, c'est un échec grotesque qui ne fait que renforcer le décalage de ces entreprises par rapport aux disrupteurs : l'attitude ne se simule pas.

La deuxième démarche indispensable pour casser la culture corporate est d'abolir la distance froide et impersonnelle avec les clients. Pendant des années, les entreprises ont cru paraître plus professionnelles en s'adressant à leurs clients de manière formelle et soutenue dans des courriers parfois incompréhensibles, dans leurs brochures aux couleurs sobres et aux éléments de langage consensuels ou au travers de leurs représentants commerciaux qui employaient des réponses prédéfinies par la stratégie commerciale. Cette époque est révolue : les clients attendent désormais de la proximité, de la complicité, de la spontanéité et de la simplicité de la part des entreprises, qui doivent s'adresser à eux en allant droit au but comme si c'était leurs amis ou un membre de leur famille. Les disrupteurs créent un lien d'intimité avec leurs clients et utilisateurs, ils les valorisent, prennent en compte leur feed-back et leur demandent en permanence ce qu'ils pensent d'eux et comment ils peuvent s'améliorer. Ils font comprendre à leurs clients qu'ils sont leur raison d'existence et ne cherchent pas à être poli-tiquement corrects avec eux en permanence.

La fin des hiérarchies

Dans un e-mail d'août 2017, Elon Musk exhor-tait les employés de Tesla à mettre fin à cette pra-tique ancestrale dans l'entreprise qui oblige les employés à se référer et à communiquer toute information pertinente à leur manager direct. « Passer l'information de manager à manager puis d'un département à l'autre est une manière débile de procéder », « tout le monde chez Tesla doit pouvoir communiquer avec n'importe qui selon ce qu'il juge être le plus rapide pour résoudre un problème dans l'intérêt de l'entreprise » dit-il.[1] Le message est violent et direct, mais il illustre bien la fin d'un mythe dans l'entreprise face à la dis-ruption : celui des hiérarchies et des silos.

Les entreprises du XXe siècle ont adopté des schémas d'organisation fordistes et militaires : tout était rationalisé, du nombre de niveaux de décisions au périmètre précis de chaque départe-ment en prenant soin de limiter et compar-timenter les responsabilités et prérogatives de

---

1. Justin Bariso, « This email from Elon Musk to Tesla employees describes what great communication looks like », www.inc.com, 30 août 2017.

chacun allant même jusqu'à interdire de court-circuiter son responsable pour diffuser une information. Le savoir et les décisions venaient d'en haut. Ces organisations étaient parfaitement adaptées à l'exécution d'une production habituelle rodée, sans innovation.

Face à la disruption, ces structures sont vulnérables et inefficaces. Parce que comme le dénonce Elon Musk dans son e-mail, l'information ne circule pas ou circule mal : par autocensure, rivalité de clans ou tout simplement parce qu'il y a trop d'intermédiaires. La prise de décisions (par le haut) se fait donc sur une information incomplète ou en retard. Ensuite, parce qu'une fois la décision prise, les niveaux de validation retardent son exécution. Et en plus d'empêcher l'émergence et la circulation de l'information, la hiérarchie n'assure pas toujours les intérêts de l'entreprise : il faut parfois servir les intérêts de son supérieur pour évoluer et être récompensé, pas ceux de l'entreprise. La cohérence globale est perdue au profit de la validation des objectifs personnels de chacun.

À l'inverse, les disrupteurs privilégient des structures d'organisation plates en petits groupes avec peu de niveaux hiérarchiques. Amazon a rendu célèbre son concept de *Pizza Team* pour expliquer que la taille optimale d'une équipe projet est celle qui peut être nourrie avec deux pizzas. L'information doit circuler rapidement, de manière fluide et permettre de prendre des décisions rapides à tous les niveaux avec toute l'information. Les disrupteurs ont compris que la connaissance et l'intelligence viennent de tous les niveaux hiérarchiques et qu'il est nécessaire d'inciter à la circulation libre de l'information. Chez Spotify, les équipes sont organisées en squads de cinq à sept personnes maximum pour gagner en agilité. Les profils de différents squads aux compétences équivalentes se regroupent en guilds pour partager l'information, et les squads travaillant sur les mêmes thèmes se regroupent en chapitres. L'information circule vite et la flexibilité est totale. Le chef n'a plus vocation à concentrer l'information ni à donner ordres et directives. La seule légitimité pour diriger face à la disruption est celle du leader visionnaire qui donne un sens et une raison d'être à l'entreprise : l'organisation s'aligne sur cette vision et s'adapte en continu. La difficulté est immense pour les employés qui sont habitués à la discipline et à la subordination. En cassant les hiérarchies, ils doivent trouver eux-mêmes leur place dans la structure et porter les responsabilités de leurs décisions. Et surtout, la difficulté est immense pour ces entreprises traditionnelles parce que la plupart de leurs dirigeants n'ont pas de vision. Ils lancent des plans à cinq ans qu'ils nomment stratégiques mais qui ne sont que des plans de réduction des coûts et d'optimisation des processus. Même s'il existe désormais des modèles d'organisation parfaitement agiles et adaptés à la disruption, leur mise en œuvre est impossible sans vision portée par un leader disruptif.

La fin des managers

Pendant des décennies, le manager a structuré les rapports de production dans l'entreprise. Il représentait l'échelon à atteindre, la reconnaissance et venait récompenser les performances passées avec un titre social prestigieux. Pour cette génération de managers qui ont fait l'entreprise moderne et ces aspirants managers qui rêvent de diriger des équipes, le coup va être rude : la disruption digitale rend les managers caducs au profit de l'intelligence collective dans les équipes. Steve Jobs l'avait compris et l'expliquait déjà en 1985 au cours d'une interview dans un documentaire sur Apple : « Les meilleurs employés s'auto-managent, ils n'ont pas besoin d'être managés. Dès lors qu'ils savent quoi faire, ils trouveront comment le faire ».[1] Autrement dit, si une entreprise a besoin de faire appel à des managers pour atteindre des objectifs, c'est qu'elle n'a tout simplement pas recruté les bonnes personnes.

Le raisonnement de Steve Jobs se fonde sur le principe d'auto-organisation des systèmes complexes. Dans un système complexe, l'auto-organisation a lieu lorsque des éléments simples interagissent entre eux et rétroagissent les uns sur les autres pour se réguler ou s'amplifier. Sans chef d'orchestre et par simples interactions à chaque niveau, le système produit de l'ordre, de la structure et donc une organisation observable et un équilibre de fonctionnement à un niveau global. Parmi les exemples les plus courants de systèmes complexes auto-organisés, on trouve les colonies de fourmis ou les galaxies. L'auto-organisation est à l'opposé du fordisme qui tentait de mesurer, rationaliser et d'ordonner l'organisation de la

---

1. « Steve Jobs in a documentary about Apple », 1985, www.youtube.com/watch?v=IdpfI5SgMi8

production aux niveaux les plus élémentaires. Dans un système auto-organisé, le leader propose une vision et les employés agissent comme des entrepreneurs pour l'atteindre en s'organisant et en agissant comme ils le souhaitent. Les rôles sont dynamiques et chacun trouve sa place naturellement dans l'organisation. Les moins compétents sur un poste s'éliminent d'eux-mêmes et convergent vers les postes où ils le sont ; les compétences émergent et chacun finit par se retrouver au niveau optimal de la structure selon son profil. Si quelqu'un est compétent et passionné, il trouvera comment faire son job. Si la structure est auto-organisée pour atteindre ses objectifs et qu'elle comporte les bons profils, elle est à l'équilibre optimal pour les atteindre.

Pour disrupter, les entreprises doivent arrêter de recruter pour des postes spécifiques et laisser émerger spontanément les rôles de chaque personne là où elle est la plus adaptée. Face à la disruption, chacun est entrepreneur. Les directives et le contrôle du manager traditionnel doivent être supprimés et remplacés par la confiance *a priori* dans le groupe et dans l'individu. Le lien de subordination entre l'employé et le manager doit aussi disparaître parce qu'il est un frein à l'épanouissement dans l'entreprise qui aliène et déresponsabilise. Avec l'arrivée de l'intelligence artificielle, pour se rassurer, les managers (et les professeurs de management dans les grandes écoles) mettent en avant le concept de *manager augmenté*. Pour eux, les algorithmes permettront aux managers de se libérer des contraintes techniques et de gestion pour *se consacrer à l'humain et devenir des mentors qui*

laissent s'exprimer le potentiel de leurs équipes...
Encore une fois, il s'agit du même réflexe de déni
classique face à la disruption : partir du principe
que l'ancien restera mais qu'il sera amélioré par
la technologie ou les nouveaux usages. C'est une
erreur. Pourquoi vouloir à tout prix préserver des
managers alors que la disruption exige de l'auto-
organisation et de l'autonomie ? Dans une entreprise optimale, ils disparaîtront.

Débarrassez-vous des process

Autre frein majeur à la disruption dans l'organisation de l'entreprise : les process. Pendant des
décennies, les entreprises faisaient même appel à
des cabinets de conseil spécialisés en redéfinition
et optimisation de process pour être certaines
d'adopter les méthodes de production les plus
efficaces. Les process étaient le symbole de l'excellence opérationnelle. Mais face à la disruption,
le process met l'entreprise en danger de mort : il
rigidifie sa structure et la condamne à l'immobi-
lité, il impose des méthodes et des habitudes dont
il sera difficile de sortir parce que les équipes
seront devenues excellentes à les suivre et il ferme
même l'état d'esprit des équipes qui s'habituent
à suivre des règles plutôt que de chercher à
les rendre obsolètes. Le process engendre une
culture de la conformité, de la peur du changement, et de la prise de décision en fonction de
règles préétablies.

Le problème, c'est qu'en grandissant, l'organisation de l'entreprise génère de la complexité et
du chaos. C'est la raison pour laquelle les process

sont nés : mettre de l'ordre et garder le contrôle sur la production. Pour continuer à croître et empêcher l'apparition de la complexité sans imposer des process qui empêchent la disruption, Netflix explique par exemple dans le manifeste de sa culture que la solution est de recruter des profils à très haute performance : ils sauront s'adapter au chaos et continuer à faire leur travail sans avoir besoin de mettre en place ni de suivre des process confortables.[1] La complexité se gère au niveau individuel, pas avec des règles collectives. Surtout, les profils à haute performance les plus agiles face à la disruption refusent les process ; les entreprises aux process rigides ne parviendront jamais à les recruter. Les process engendrent ainsi un cercle vicieux : ils rigidifient la structure et attirent les profils les moins aptes à gérer la complexité croissante de l'entreprise, qui à leur tour viennent rajouter des process. Le cycle se poursuit et augmente la vulnérabilité de l'entreprise face aux disrupteurs.

L'enjeu pour les entreprises face à la disruption est de recruter des profils capables de faire preuve d'autonomie, de travailler efficacement sans process pour pouvoir prendre des initiatives en étant autonomes et alignés sur la vision de l'entreprise. La raréfaction des process va devenir indispensable. Chacun devra être formé à se débrouiller dans des structures aux process légers. Chez Amazon par exemple, pour favoriser cette fluidité d'organisation et responsabiliser les employés, il est interdit de dire « ce n'est pas mon travail ».

---

1. Reed Hastings, « Freedom and responsibility culture », https://fr.slideshare.net/reed2001, 2009.

Chacun est engagé à trouver des solutions au-delà de son périmètre, à sortir des process existants. L'enjeu pour l'entreprise sera d'évaluer les décisions de ses employés dans le temps et de mesurer leur réputation à avoir raison. Sans process mais avec un nombre important d'employés qui prennent des bonnes décisions la majeure partie du temps, l'entreprise peut croître et affronter la disruption.

Décoincez-vous dans le désert !

Toute la culture de la disruption est symbolisée par un événement annuel auquel participent de nombreux entrepreneurs de la Silicon Valley : le Burning Man. Pendant une semaine à la fin de l'été, plus de 50 000 personnes se retrouvent à BlackRock dans le désert du Nevada pour une expérience qui mêle excentricité, créativité, connexion à l'autre et plaisir. Le principe est simple : à part de la glace et du café, rien ne s'achète. Chacun vient avec ses talents et les propose aux autres sous forme de partage. Les participants adoptent une liberté totale de comportement, d'expression, beaucoup se déguisent de manière extravagante, voire se dénudent. La création artistique est très présente : des sculptures massives sont réalisées, des temples sont érigés, des chars représentant des animaux imaginaires ou réels sont construits. Les participants sont encouragés à se débarrasser de leur ego et à oublier leur moi social pour être totalement authentiques ; ils peuvent aussi s'ils le souhaitent jouer un personnage fictif. C'est un festival où les couleurs, le bruit, le feu, l'art et le jeu se mélangent. L'objectif est de sortir des repères sociaux quotidiens pour vivre une expérience qu'on ne trouve nulle part ailleurs, voir le monde autrement et nourrir sa créativité. Le festival a une telle influence sur la Silicon Valley et ses entrepreneurs qu'il est devenu un passage incontournable, y compris pour les cadres les plus corporate comme Eric Schmidt, l'ancien CEO de Google. Avant de le recruter, Larry Page et Sergey Brin, les deux fondateurs de Google, l'ont invité à participer à Burning Man. C'est après avoir observé son comportement dans ce monde où tous les repères disparaissent qu'ils ont décidé de lui confier la direction de Google.

Au lieu d'organiser votre prochain séminaire dans un château à la campagne, à Disneyland ou même d'organiser des « *learning expeditions* »[1] dans la Silicon Valley pour apprendre à innover comme les géants de la Tech, envoyez plutôt votre comité de direction participer à un Burning Man. On vous garantit qu'ils verront la culture de la disruption au plus près !

---

1. C'est actuellement très tendance pour les entreprises traditionnelles d'aller visiter les entreprises de la Silicon Valley comme on visite un zoo !

13

Méditation,
neurosciences et drogue :
la contre-culture du disrupteur

Champignons hallucinogènes et LSD
– le renouveau du dopage californien

« Prendre du LSD était une expérience profonde ; ce fut l'un des moments les plus importants de ma vie. Le LSD montre l'autre facette
des choses ; on ne s'en souvient plus quand l'effet
se dissipe, mais on sait qu'on l'a vue. Cela a ren-
forcé mes perceptions, m'a permis de savoir ce
qui était essentiel – créer plutôt que de gagner de
l'argent, mettre à flot le plus de choses possible
dans le fleuve de l'histoire et de la conscience
humaine ».[1] Voilà comment Steve Jobs parlait
de son expérience avec le LSD. Il n'en fallait pas
moins pour que le modèle de toute une génération d'entrepreneurs et de géants de la Tech de la
Silicon Valley fasse renaître une contre-culture
issue des années 1960. La concurrence, la vitesse
et la pression pour une créativité permanente et

---

1. Walter Isaacson, *Steve Jobs*, JC Lattès, 2011.

sans limite sont telles dans la Silicon Valley que tous les moyens sont bons pour obtenir un *edge* (un avantage sur les autres).

L'idée n'est pas neuve. Avant leur interdiction, les drogues psychédéliques comme le LSD et la mescaline avaient été administrées en 1966 lors d'une expérience célèbre sur des chercheurs et des ingénieurs rencontrant des problèmes complexes à résoudre en physique, mathématiques et architecture. Les résultats ont été stupéfiants : les participants ont produit de nombreuses idées novatrices, de nouveaux produits ont été inventés et plusieurs brevets ont été déposés. Par ailleurs, tous ont rapporté continuer à percevoir une amélioration de leur créativité des semaines après l'expérience ainsi qu'une meilleure capacité à conceptualiser et à structurer leurs idées et une grande facilité à se concentrer. L'expérience n'a fait que confirmer ce que de nombreux artistes, créatifs et penseurs avaient déjà découvert. L'auteur Aldous Huxley le conseillait à tous ceux qui avaient des idées fixées pour en avoir de nouvelles et changer leur perspective sur le monde. Francis Crick, le co-découvreur de l'ADN, prix Nobel en 1962, consommait lui aussi du LSD.[1] Quant aux Beatles, ils ont été tellement inspirés par le LSD qu'ils ont composé plusieurs chansons y faisant référence dont « Lucy in the Sky with Diamonds ».[2] Même le philosophe Michel

---

1. Nicholas Wade, « A Peek Into the Remarkable Mind Behind the Genetic Code », *The New York Times*, www.nytimes.com, 11 juillet 2006.

2. « Sir Paul reveals Beatles drug use », *BBC News*, BBC.co.uk, 2 juin 2004.

Foucault a affirmé en 1975, lors d'un cours qu'il donnait à l'Université de Berkeley en Californie, avoir consommé du LSD lors d'une virée dans la Vallée de la Mort. Selon lui, cette expérience a été la meilleure de toute sa vie, l'a profondément bouleversé et a eu un impact considérable sur son travail.[1]

Aujourd'hui, les drogues psychédéliques vivent une renaissance grâce à la Tech. La nouvelle tendance est de les utiliser non plus pour des expériences spirituelles de transcendance comme dans les années hippies, mais pour des performances en matière de productivité et de créativité. Au lieu des doses habituelles, les hackers, les entrepreneurs, les capital-risqueurs, les grands patrons et autres créatifs de la Valley consomment des microdoses de LSD ou de psilocybine (la molécule des champignons hallucinogènes). Les doses sont insuffisantes pour produire l'état second habituellement recherché par les consommateurs de drogues récréatives, mais suffisantes pour produire des effets subtils à tous les niveaux de leur productivité. L'effet est immédiat et peut durer jusqu'à quatre jours. Pendant cette période, les consommateurs décrivent une clarté intellectuelle profonde qui leur permet de voir au-delà des apparences en faisant surgir le subtil, de percevoir le moindre accroc dans leurs projets pour le corriger... La substance les débloque. Ils décrivent une énergie et une envie de créer permanente associée à une humeur plus joyeuse. Ils

---

1. Simeon Wade, Heather Dundas, « Michel Foucault in Death Valley : A Boom interview with Simeon Wade », *Boom California*, 10 septembre 2017.

ne cherchent pas à se shooter et ont conscience du danger des substances psychotropes. La plupart prennent leurs précautions et se renseignent en lisant les études récentes sur l'impact de ces molécules sur le cerveau. La tendance est telle que les conseils et précautions à prendre deviennent publics. Paul Austin, un adepte du microdosing de LSD a même lancé ThirdWave[1], un site spécialisé dans le conseil et l'échange de bonnes pratiques pour micro-doseurs en quête de productivité. Par sa démarche, il veut également promouvoir et démocratiser l'utilisation responsable de certains psychédéliques pour améliorer les capacités cognitives. La tendance est palpable en Californie : une demande de scrutin a été remplie pour voter en 2018 sur la légalisation de certaines molécules actuellement classées comme des drogues comme la psilocybine.[2] L'idée vient de découvertes récentes en neurosciences. Plusieurs études ont confirmé que l'utilisation de psilocybine sur des patients atteints de cancer en phase terminale réduisait considérablement, voire supprimait totalement, leur niveau d'anxiété.[3] Les études sur l'impact des drogues psychédéliques sur le cerveau sont en plein essor et les chercheurs commencent à comprendre

---

1. https://thethirdwave.co/microdosing
2. Mina Corpuz, « Proposed California ballot measure could decriminalize hallucinogenic mushrooms », *Los Angeles Times*, 25 août 2017.
3. Roland R. Griffiths *et al.*, « Psilocybin produces substantial and sustained decreases in depression and anxiety in patients with life-threatening cancer », *Journal of Psychopharmacology*, 30 novembre 2016.

comment elles agissent et à en tirer des idées de traitements pour certaines pathologies mentales. Mais la Silicon Valley n'a pas le temps d'attendre les résultats des études, et veut s'en servir dès aujourd'hui pour créer. Les startupers prennent le risque d'essayer sur eux-mêmes et d'apprendre en partageant leur expérience.

Au-delà des produits psychotropes, la consommation de nootropiques – ces substances visant à augmenter les capacités cognitives – est en plein essor. Certains entrepreneurs consomment des amphétamines comme le Adderall, un produit réservé aux enfants hyperactifs ou aux adultes ayant des difficultés de concentration (ADHD). Chez les personnes saines, le produit procure une concentration profonde et un intérêt vif pour le sujet sur lequel on décide de se concentrer. Aux États-Unis, il est facile de s'en procurer, il suffit de se plaindre de problèmes d'attention à son médecin pour qu'il en délivre une ordonnance. Un trafic illégal s'est même développé dans les universités de la Ivy League, où les étudiants en consomment en période d'examens.[1] Pour une centaine de dollars, on peut se procurer une pilule d'amphétamine dans les bibliothèques de ces universités américaines les plus prestigieuses. Certaines entreprises comme HVMN[2] se sont mêmes spécialisées dans la fabrication de produits qui augmentent les capacités intellectuelles.

Geoff Woo, le CEO de HVMN va encore plus loin : il essaye personnellement toutes les

---

1. Jonathan Bronstein, « Does Columbia have an Adderall problem ? », TheTab.com, 11 octobre 2015.
2. https://hvmn.com

dernières techniques avérées par la science pour augmenter ses capacités cognitives, comme le jeûne. Avec plusieurs membres de son équipe, il pratique le jeûne 36 heures chaque semaine et estime que cette pratique leur confère une grande acuité intellectuelle et une concentration plus profonde.[1] Plusieurs études confirment que la restriction calorique augmente la neurogenèse, c'est-à-dire la création de nouveaux neurones.[2]

La consommation de produits psychotropes à des fins productives reste un tabou, y compris dans la Valley. Elle est toujours plus ou moins associée à l'image du cadre dynamique banquier ou avocat d'affaires des années 1990 shooté à la cocaïne simplement pour faire son job. Dans la Silicon Valley, la Tech consomme mais reste discrète. Les expériences se partagent entre membres de petits groupes aux liens de confiance forts, même si en réalité ça n'est un secret pour personne. Le géant du développement personnel Tim Ferris, qui enquête depuis des années auprès des entrepreneurs à succès pour comprendre le secret de leur réussite, a déclaré dans une inter-view à CNN que « tous les milliardaires [qu'il] connaissait, presque sans exception, consom-maient des substances hallucinogènes [...] Ils essayent d'être disruptifs et de regarder le monde

1. Melia Robinson, « This CEO of a "smart drug" startup fasts for 36 hours straight every week », *Business Insider*, 14 décembre 2016.
2. Lee J., Seroogy KB., Mattson MP., « Dietary restriction enhances neurotrophin expression and neurogenesis in the hippocampus of adult mice », *Journal of Neurochemistry*, 80,539–547, février 2002.

différemment en posant des questions totalement différentes ».[1] Les médecins s'inquiètent évidemment de cette démarche Do It Yourself des hackers sur leur propre corps. Mais les disrupteurs hackent tout, même les recommandations des professionnels médicaux. Pour les entreprises traditionnelles, c'est un obstacle de plus : elles n'affrontent pas seulement des individus déterminés et talentueux, mais des individus aux capacités intellectuelles affutées par des substances amplificatrices.

La méditation – la nouvelle obsession des disrupteurs

Autre technique obsessionnelle chez les disrupteurs : la méditation. D'une pratique ancienne et traditionnelle chez les moines bouddhistes, la méditation est aujourd'hui devenue l'une des techniques les plus pratiquées par les disrupteurs pour booster leurs capacités cognitives. « Il faut absolument que j'aille méditer pour être dans de meilleures dispositions pour prendre les bonnes décisions maintenant », a déclaré Travis Kalanick, le controversé fondateur d'Uber au cours d'une réunion.[2] Marc Benioff, le CEO de la société Salesforce, a même fait de la méditation une priorité au sein de son entreprise en

---

1. Erika Fink, « When Silicon Valley takes LSD », *CNN Tech*, 25 janvier 2015.
2. Catherine Clifford, « Embattled Uber CEO Travis Kalanick has started meditating in an office lactation room », www.cnbc.com, 7 juin 2017.

créant des salles de méditation pour que tous les employés puissent pratiquer.[1] Quant au fondateur de Twitter, il annonçait le 1er janvier 2018 avoir suivi dix jours de retraite Vipassana pour pratiquer la méditation intensive à raison de dix heures par jour dans un silence total.[2] Les applications smartphone pour pratiquer la méditation comme Headspace, créée par un ancien moine devenu entrepreneur, sont de plus en plus nombreuses et des stars comme Emma Watson n'hésitent pas à en vanter les mérites.[3] Même des sociétés comme Goldman Sachs réputées pour leur détermination capitalistique affirment aujourd'hui encourager la méditation.[4]

L'engouement pour la méditation dans la Tech a commencé en 2007, chez Google. Chade-Meng Tan, l'un des premiers ingénieurs recruté par Google, a rassemblé experts en méditation mindfulness, neuroscientifiques et psychologues pour développer un programme fondé sur la méditation dont l'objectif était de développer l'intelligence émotionnelle. Son constat était simple : les découvertes récentes sur le cerveau ont confirmé sa plasticité, sa capacité à se remodeler selon l'expérience et la répétition. Les travaux de chercheurs comme ceux du professeur Michael

---

1. Eugene Kim, « Salesforce put a meditation room on every floor of its new tower because of Buddhist monks », Businessinsider.fr, 7 mars 2016.

2. https://twitter.com/jack/status/947885229464805382

3. https://twitter.com/EmmaWatson/status/352443201136771075

4. Harriet Agnew, « Mindfulness gives stressed-out bankers something to think about », *Financial Times*, 4 mai 2014.

Merzenich de l'UCSF montrent que le cerveau a la capacité de changer son fonctionnement et sa structure en fonction de ce qu'il a l'habitude de faire : « *neurons that fire together, wire together* ». Plus on utilise certains réseaux de neurones pour effectuer une tâche, plus ils se connectent fortement et plus l'information circule vite, qu'il s'agisse d'apprendre les mathématiques ou de jouer du piano. C'est sur ce principe que se fonde tout apprentissage. Chade-Meng Tan a postulé que si l'apprentissage de compétences comme les mathématiques résultait de l'entraînement du cerveau par la répétition, le cerveau pouvait peut-être aussi être entraîné à devenir expert en *soft skills* tels que l'attention, la créativité, l'altruisme et la compassion. Chade-Meng Tan s'est tout naturellement tourné vers la méditation, qui explore cet entraînement de manière empirique depuis des millénaires. En croisant les textes anciens qui relatent les expériences des yogis les plus chevronnés avec les dernières avancées en neurosciences, Meng comprend qu'au-delà des résultats empiriques, la méditation s'explique et se mesure d'un point de vue scientifique et pourrait donc être désormais acceptée par l'Occident cartésien. Richard Davidson, chercheur en neurosciences à l'Université du Wisconsin à Madison, travaille depuis plusieurs décennies sur l'impact de la méditation sur le cerveau. Il est l'un des premiers à avoir eu l'idée d'utiliser l'imagerie médicale pour observer ce qui se passe dans le cerveau de moines tibétains ayant plusieurs dizaines de milliers d'heures de pratique de la méditation. Les résultats sont impressionnants. En pleine méditation sur la compassion, le cerveau des moines bouddhistes produit des niveaux d'ondes gamma (associées à une activité mentale intense, à l'apprentissage et à la créativité) trente fois supérieurs au niveau des non méditants.[1] Les résultats sont tellement inhabituels que le chercheur a d'abord cru que ses appareils étaient déréglés ! Dans son dernier livre[2], Richard Davidson mentionne plusieurs études qui confirment l'impact de la méditation sur le cerveau, notamment pour améliorer l'attention et la concentration, diminuer le stress, se détacher de ses émotions pour les vivre plus profondément, améliorer ses relations interpersonnelles et développer sa créativité.[3] Au départ méprisée par les neuroscientifiques, l'idée d'étudier les sciences contemplatives avec les dernières technologies d'imagerie médicale est aujourd'hui en plein essor et les résultats sont encourageants. La recherche est naissante sur le sujet ; elle nécessitera évidemment plus d'études pour confirmer, préciser ou réfuter les premiers résultats, mais l'intérêt est profond et le nombre d'études en nette augmentation.

C'est en associant approche traditionnelle empirique et approche scientifique moderne que Chade-Meng Tan a eu l'idée de concevoir le programme « Search Inside Yourself »[4] chez Google.

1. Antoine Lutz *et al.*, « Long-term meditators self-induce high-amplitude gamma synchrony during mental practice », *Proceedings of the National Academy of Sciences of the United States of America* 2004, 101(46).

2. Daniel Goleman, Richard Davidson, *Altered Traits. Science Reveals How Meditation Changes Your Mind, Brain, and Body*, Avery, 2017.

3. https://centerhealthyminds.org/science/publications

4. https://siyli.org

Débarrassé de toute croyance ancestrale, le programme combine les techniques de méditation traditionnelles : l'observation attentive de la respiration, l'observation de chaque partie du corps, le souci du bien d'autrui ou encore l'entraînement à porter un regard différent sur une situation et sur ses propres émotions. Le programme a eu un succès considérable chez Google et a depuis été diffusé dans le monde entier en Open Source sous forme de séminaires.

Depuis cette renaissance des sciences contemplatives encouragée par Google, la Silicon Valley accorde de plus en plus d'importance à une forme de spiritualité à la carte débarrassée des dogmes. Comme toujours dans la Silicon Valley, cette spiritualité est avant tout utilitariste. L'effet recherché est le bien-être dans un but productiviste. Évidemment, lorsque Google lance un programme de méditation interne et que Walter Isaacson raconte dans sa biographie de Steve Jobs[1] que ce dernier pratiquait la méditation depuis son adolescence et son voyage en Inde et qu'en outre, le seul livre téléchargé sur son iPad à sa mort était l'autobiographie d'un Yogi[2], tous les disrupteurs ambitieux se mettent à pratiquer sans se poser de question, les deux références sont suffisamment inspirantes pour essayer.

---

1. Walter Isaacson, *Steve Jobs*, JC Lattès, 2011.
2. Paramahansa Yogananda, *Autobiographie d'un Yogi*, Self-Realization Fellowship Publishers, 2012 pour la traduction française.

Neurosciences et *flow*

Les découvertes sur le cerveau et l'intelligence explosent. Pour changer le monde (et surtout le façonner à leur image), les disrupteurs tentent d'incorporer dans leurs routines de fonctionnement tout ce qui en ressort et qui peut leur être utile pour s'améliorer. Comme leur smartphone qui se met à jour quotidiennement, ils upgradent leur logiciel mental en continu pour bénéficier des derniers « *mind hacks* ». Ce qui les intéresse particulièrement est d'atteindre un état cérébral de fluidité et de plaisir qui engendre productivité et créativité : le *flow*. Le concept a été popularisé par le psychologue hongrois Mihály Csíkszentmihályi[1], qui décrit le *flow* comme un état de conscience altérée que chacun a déjà connu, pendant lequel on est totalement absorbé par une activité. C'est un état courant chez les sportifs de haut niveau et les artistes, mais que l'on peut éprouver aussi pendant quelques minutes ou quelques heures lorsqu'on est pleinement investi dans un projet ou dans un jeu, par exemple. Dans cet état, la motivation est profonde et l'activité en elle-même procure une sensation de bien-être immense. L'activité à laquelle on se consacre pendant le *flow* se déroule naturellement, sans effort. Mihály Csíkszentmihályi explique que le *flow* est atteint dans des conditions bien spécifiques. Il faut selon lui un niveau de challenge suffisant pour stimuler le cerveau et lui donner envie de poursuivre la tâche, mais pas

---

1. Mihály Csíkszentmihályi, *Flow, The psychology of optimal experience*, Harper Classic, 1990.

trop sous peine de générer du découragement et de l'anxiété. Il faut également un objectif clairement défini et la possibilité d'avoir une évaluation en temps réel (*feedback*). C'est exactement dans cette optique que sont conçus les jeux vidéo par exemple. L'optique de tout disrupteur est de parvenir à atteindre rapidement cet état.

Pour hacker le *flow*, Jamie Wheal et Steven Kotler, deux entrepreneurs, ont lancé le Flow Genome Project. Leur démarche vise à étudier le *flow* pour découvrir les raccourcis qui permettent de l'atteindre rapidement. Ils ont construit le Flow Dojo, un véritable laboratoire où tout le monde peut venir pratiquer des activités qui reproduisent les sensations procurées par certains sports extrêmes avec des machines sécurisées ou des technologies comme la réalité virtuelle. On peut par exemple, à l'aide de machines, effectuer les déhanchements d'un skieur, les rotations d'un surfeur ou se retrouver en apesanteur. Des capteurs mesurent et enregistrent plusieurs indicateurs biologiques comme le rythme cardiaque ou le type d'ondes générées par le cerveau pendant l'activité. Ils effectuent également des prélèvements sanguins pour corréler les changements hormonaux liés à ces états. L'objectif est de réaliser une étude ouverte et géante (crowdsourcée) sur le *flow* à laquelle chacun pourra contribuer. À terme, leur recherche devrait fournir à chacun les meilleurs moyens de se mettre en condition pour obtenir des performances cognitives optimales.

Toujours grâce aux progrès des neurosciences mais cette fois de manière moins naturelle, certains n'hésitent pas à tester de faibles courants

électriques envoyés directement dans le cerveau avec des électrodes posées sur le crâne. On
appelle cela la stimulation électrique transcrâ-
nienne. Selon le placement des électrodes sur le
crâne, il est possible d'obtenir certains effets :
apprendre plus rapidement, réduire sa propen-
sion à prendre des risques, être plus sociable,
booster ses capacités de mémorisation et même
réduire la dépression. Le sujet est encore imma-
ture parce que les recherches sont récentes et les
effets pas encore bien compris ni répliqués. Mais
les premières études sont prometteuses et ont
des airs de science-fiction. L'US Air Force a par
exemple démontré que l'utilisation d'un courant
électrique faible pour stimuler certaines zones
du cerveau augmentait significativement la capacité à traiter l'information reçue et à prendre des
décisions.[1] Pour essayer vous-même, certains
sites vous proposent des tutoriels pour construire
votre propre appareil de stimulation transcrâ-
nienne pour quelques dollars.[2] D'autres, comme
TDCS Placement donnent des conseils sur le placement des électrodes selon les effets désirés.[3]
La démarche est risquée, il n'est pas certain que
le recul soit suffisant pour essayer soi-même dès
aujourd'hui !

---

1. Justin Nelson *et al.*, « The Effects of Transcranial Direct
Current Stimulation (tDCS) on Multitasking Throughput
Capacity », *Frontiers in Human Neuroscience*, 29 novembre
2016.
2. Build a Human Enhancement Device (Basic TDCS
Supply), www.instructables.com
3. http://tdcsplacements.com

Le hacking ultime : déconnexion, repos et procrastination

Le mythe de la performance maximale par le dépassement de soi est en pleine redéfinition. Au lieu de l'intensité, de la vitesse permanente et de l'hyperconcurrence agressive pour créer et disrupter, la tendance est à la recherche d'un équilibre subtil avec le ralentissement. Il devient acceptable d'être paresseux au nom de la performance et de la créativité. La créativité ne s'accomplit pas sur une tranche horaire définie à l'avance, elle émerge de manière involontaire, en alternant une attitude d'intense concentration avec des objectifs précis et des moments de hasard ; les idées doivent pouvoir défiler sans cohérence ni organisation pour que l'on puisse penser et voir les choses différemment. En alternant concentration intense et dispersion de l'esprit, le cerveau sollicite des régions différentes. Après avoir été sollicitées, ces régions ne restent pas immobiles. Le cerveau continue de les solliciter de manière inconsciente en arrière-plan et crée de nouvelles connexions entre elles (et les consolide par le sommeil). Ce sont ces nouvelles connexions entre des neurones qui ne se parlaient pas qui font émerger de nouvelles idées.

L'essor de la méditation, des mouvements de déconnexion et de ralentissement participent d'une tendance globale de quête de détente et de bien-être, mais sont également indispensables à un fonctionnement optimal du cerveau pour générer sans cesse des idées originales. Les plus grands créatifs avaient bien compris ce besoin d'éviter le travail intense pour mieux créer depuis longtemps, et chacun y allait de ses propres techniques : Einstein, Nietzsche, Rimbaud, Kant, Rousseau, Dickens, Goethe, Beethoven ou même Aristote, pratiquaient quotidiennement la marche pour penser au calme, en plus d'un travail soutenu dans leurs domaines respectifs. « Seules les idées qui vous viennent en marchant ont de la valeur », disait Nietzsche qui pouvait marcher jusqu'à huit heures par jour. Aujourd'hui, les grands créatifs (et parmi eux les disrupteurs) continuent de marcher. Steve Jobs était connu pour proposer une marche à ceux avec qui il voulait avoir une conversation sérieuse.[1] Mark Zuckerberg effectue personnellement certains recrutements en invitant les candidats à venir marcher avec lui dans la forêt.[2] Jack Dorsey, le CEO de Twitter, a déclaré commencer toutes ses journées par cinq miles de marche.[3] Ce point commun à la pratique de la marche chez les créatifs n'est pas un hasard. En 2014, une étude de Marily Oppezzo et Daniel Schwartz de Stanford a confirmé que la marche augmentait de 60 % la génération d'idées créatives.[4]

Autre élément déterminant pour créer et penser en dehors des cadres : le sommeil. Souvent

1. Walter Isaacson, *Steve Jobs*, JC Lattès, 2011.

2. Nick Bilton, « A Walk in the Woods With Mark Zuckerberg », *New York Times*, 7 juillet 2011.

3. Laurie Segall, « Jack Dorsey : Now a billionaire, always a "punk" », *CNN Tech*, 29 mai 2014.

4. Marily Oppezzo, Daniel L. Schwartz, « Give Your Ideas Some Legs : The Positive Effect of Walking on Creative Thinking », *Journal of Experimental Psychology : Learning, Memory, and Cognition*, 2014, Vol. 40, No. 4, 1142–1152.

négligé parce que considéré comme inutile ou synonyme d'inaction, le sommeil est aujourd'hui reconnu comme fondamental par la science, c'est « le prix à payer pour la plasticité du cerveau », autrement dit de l'apprentissage selon une étude de 2014 du National Institute of Health.[1] Plusieurs leaders commencent également à vanter l'importance du sommeil, comme Arianna Huffington, qui y a même consacré un livre.[2] Eric Schmidt, le président exécutif d'Alphabet, a lui aussi rappelé que cette idée que les gens qui réussissent dorment peu est un mythe et qu'au contraire, les gens qui ont le plus de succès ont conscience de leur corps et dorment dès qu'ils en ont besoin.[3] Google a d'ailleurs mis à disposition de ses employés les célèbres « *nap pods* », véritables cocons à sieste pour encourager la récupération et favoriser le travail reposé.

Toutes ces attitudes vantées et pratiquées par les plus grands disrupteurs semblent naturelles, mais elles sont en contradiction totale avec la culture de l'ambition et l'organisation des entreprises du XXe siècle à nos jours. Les entreprises organisent la durée du travail sur un lieu géographique, selon des horaires fixes comme si le travail devait avoir lieu en continu sur le modèle

---

1. Giulio Tononi, Chiara Cirelli, « Sleep and the Price of Plasticity : From Synaptic and Cellular Homeostasis to Memory Consolidation and Integration », *Neuron*, 8 janvier 2014 ; 81(1): 12–34. doi :10.1016/j.neuron.2013.12.025.

2. Arianna Huffington, *La Révolution du sommeil*, Fayard, 2017 pour la traduction française.

3. Eric Schmidt, « Good Sleep Enhances Your Ability to Do Almost Everything », ThriveGlobal.com, 18 septembre 2017.

fordiste des usines. Mais la créativité nécessaire à la disruption n'a pas lieu de 9 heures à 18 heures, et surtout pas durant des séances de créativité, de brainstorming ou autre *workshop* animé par un consultant. Elle requiert l'alternance de nombreuses phases de travail et de non-travail (y compris longues !) en dehors de l'entreprise. La mesure de la productivité avec des indicateurs et la mise en place de méthodes comme le Lean Management sont en totale contradiction avec la disruption. C'est au contraire en sortant de l'entreprise, en ne cherchant surtout pas à être productif, en étant simplement confronté au monde, que les idées disruptives émergent. Travis Kalanick a eu l'idée d'Uber par hasard dans la rue à Paris parce qu'il était incapable de trouver un taxi pour se rendre à une conférence ! Le cerveau a besoin d'être totalement concentré sur chaque sujet, mais il a surtout besoin de passer d'un sujet à l'autre pour générer de la nouveauté. C'est exactement ce que fait Elon Musk en divisant ses journées de travail en tranches de cinq minutes.[1]

La disruption a lieu au croisement des sollicitations des différentes parties du cerveau. Il faut absolument éviter les routines de pensées, sinon le cerveau devient expert en ces routines et est incapable d'en sortir : les connexions neuronales se renforcent et il devient de plus en plus difficile de penser différemment. Dans quelques années, les emplois qui proposeront des tâches routinières et continues seront même interdits

---

1. Aine Cain, « Elon Musk runs two huge companies by breaking his day into 5-minute slots », *Business Insider*, 21 juin 2017.

parce qu'ils seront considérés comme dangereux pour la santé mentale et le bien-être. La clé pour penser en rupture est de ne jamais faire deux fois la même chose. Le cerveau se nourrit de nouveauté : la nouveauté change sa structure et permet de penser différemment, la routine le tue.

Conclusion

Dans la vie, rien n'est à craindre,
tout est à comprendre.

Marie CURIE

La disruption fascine, dérange, inquiète et exalte, mais elle ne laisse personne indifférent. Nombreux sont ceux qui sentent venir des changements d'une ampleur considérable, mais sont tétanisés face aux décisions à prendre pour participer à la construction de ce nouveau monde. Beaucoup veulent s'inscrire dans la disruption et se pensent disruptifs, mais refusent de quitter les avantages (précaires) et le confort (temporaire) de l'ancien monde pour embrasser le risque et l'incertitude du nouveau. Quant aux experts établis, ils commencent toujours par mépriser la disruption et la qualifier d'impossible dans leurs domaines respectifs avant d'être rapidement contredits par les disrupteurs. Ce qui est certain, c'est qu'il existe une immense confusion qui consiste à croire que face à la disruption, la transformation est nécessaire et appropriée. Les entreprises veulent transformer les managers en *managers augmentés* avec l'arrivée de l'intelligence artificielle, alors que la disruption rend précisément les managers obsolètes (et demain, les dirigeants aussi selon Jack Ma). Elles sont obsédées par la transformation mais n'ont ni idée ni vision de ce en quoi elles vont se transformer. Elles se contentent d'injecter de la technologie et de communiquer un maximum sur le sujet (avec des concepts qui rassurent les employés mais auxquels elles ne croient absolument pas comme *l'intelligence collective* ou y croient naïvement comme les *incubateurs à startups* ou les *labs*) alors que leur expérience client reste déplorable. Elles pensent que le digital les rend plus performantes sans se demander si leur existence aura encore un sens dans le nouveau monde. L'erreur face à la disruption, est de vouloir repartir de l'ancien et le transformer pour l'adapter au nouveau monde. L'histoire montre l'inverse. Les entreprises ne se transforment pas. Elles disparaissent et sont remplacées par d'autres. C'est la fameuse théorie schumpetérienne de la destruction créatrice : tout paradigme nouveau entraîne la chute de l'ancien. Face à la disruption, pourquoi en serait-il autrement ?

Nous devons comprendre que la transformation face à la disruption n'a aucun sens. La disruption cherche avant tout à rendre obsolète. Il faut donc accepter de laisser disparaître l'ancien monde et se concentrer sur la construction du nouveau. Pour cela, chaque individu, entreprise, institution doit cesser de croire son rôle actuel indispensable dans le monde de demain et chercher à le faire exister en l'adaptant. Faites l'inverse de vos réflexes habituels : imaginez d'abord le monde demain et ensuite trouvez-y votre place (qui n'aura peut-être plus rien à voir avec votre place actuelle).

La disruption fait peur, non pas parce que le monde qu'elle va engendrer est dangereux, mais parce que notre cerveau a une aversion pour la perte : nous sommes concentrés sur la disparition de l'ancien monde alors que le nouveau nous apportera davantage. Nous voyons la disruption comme un danger auquel il faut se préparer alors que c'est une excellente nouvelle pour l'humanité. Toutes les innovations et nouveautés qui émergent sont au départ réservées à des élites financières, puis sous le poids de la concurrence deviennent rapidement (et à un rythme de plus en plus soutenu) des commodités accessibles à tous. L'effet de la disruption est d'accélérer cet effet de *commoditisation* du monde pour rendre la valeur accessible à tous. L'entrepreneur Peter Diamandis explique que l'objectif de la technologie est de nous faire passer d'un monde de rareté à un monde d'abondance. Plutôt que de ne voir que les entreprises et les emplois qui vont disparaître, il faut regarder les gains engendrés par la disruption : les progrès considérables dans la santé, les vies sauvées sur les routes avec les voitures connectées et sans chauffeur, les économies d'énergie que les algorithmes nous permettront de réaliser... La disruption nous permet d'accélérer la résolution des problèmes les plus complexes et importants pour l'humanité.

N'ayons pas peur de la disruption, parce que le phénomène est universel. Auparavant, seuls certains secteurs et métiers étaient touchés par une innovation et remplacés par d'autres ;

cette fois-ci, tous les secteurs, tous les métiers, tous les profils, toutes les compétences et tous les âges sont concernés et potentiellement touchés en même temps. Le fait que nous soyons tous concernés doit nous rassurer. Tout est à construire et chacun aura une place différente qu'il reste à inventer. Nous n'avons pas le choix, les disrupteurs ne nous attendent pas. Plutôt que de freiner le phénomène en essayant d'adapter les modèles et les structures de l'ancien monde, accélérons sa disparition pour en bâtir un nouveau en incluant chacun dans la période de transition. Ce sont les individus qu'il faut protéger et inclure dans ce nouveau monde, pas les entreprises, les codes, les structures, les institutions et les usages d'hier.

Jusqu'où ira la disruption ? Pour les disrupteurs, elle est comme eux : sans limite. Pour l'instant, elle attaque principalement les entreprises, leurs activités et leurs business models obsolètes ainsi que nos usages et nos exigences. Mais les disrupteurs veulent aller beaucoup plus loin. Ils rêvent de se substituer à l'État. Finis les plans de conquêtes spatiales pour rivaliser de puissance entre nations, la bataille se joue entre Amazon (Blue Origin) et Space X. La démocratie ? Les plateformes comme Facebook rêvent que demain elle s'exerce en son sein plutôt que dans les urnes des États. L'éducation ? Elle aura lieu sur des plateformes de disrupteurs pédagogiques comme Coursera avant d'être dispensée directement dans le cerveau par des technologies dont on dit qu'elles relèvent aujourd'hui de la science-fiction (il est déjà possible d'implanter de faux souvenirs dans le cerveau des souris). L'ultime disruption sera celle de notre propre corps ... ... srupteurs sont pour la plupart libertarie... ...anshuma-nistes. Ils rêvent de liberté, d'un ... ...éduit au strict minimum (voire inexistant) et d'immortalité. La perspective donne le vertige. Pour beaucoup, le projet d'immortalité est inconcevable. Pour les disrupteurs, ce n'est qu'une question de temps et de technologies, mais le but serait proche tant la période que nous vivons s'accélère. Les prochaines années s'annoncent fascinantes en nouvelles découvertes sur nous, sur l'Univers et sur ces nouvelles capacités que les technologies rendront possibles. Mais elles s'annoncent surtout exigeantes en matière d'éthique. Les débats devront être à la hauteur des enjeux pour permettre à ces technologies de s'imposer, tout en protégeant l'humanité de sa propre destruction.

La disruption n'est pas une mode ni une tendance, c'est notre nouveau paradigme. Nous avons à perdre, mais nous avons tellement plus à gagner. Pour la plupart d'entre nous, nous sommes déjà disruptés, même si nous ne le savons pas encore. Et puisque les règles de la disruption vous sont désormais connues, qu'elles vous deviennent maintenant familières. Adoptez-les. Désobéissez.

Table

**Disruptez-vous pour éviter
de vous faire disrupter**

12727

Composition
PCA

Achevé d'imprimer en Slovaquie
par NOVOPRINT SLK
le 12 août 2019.

Dépôt légal : septembre 2019.
EAN 9782290205662
OTP L21EPLN002557N001

ÉDITIONS J'AI LU
87, quai Panhard-et-Levassor, 75013 Paris

Diffusion France et étranger: Flammarion